El lector de...

Pablo Neruda

El lector de...

Pablo Neruda

Arturo Marcelo Pascual

OCEANO

El lector de... Pablo Neruda
© Arturo Marcelo Pascual, 2000
Diseño de cubierta: Enric Iborra

© Océano Grupo Editorial, S.A., 2000
Milanesat, 21-23 – Edificio Océano
08017 Barcelona (España)
Tel.: 93 280 20 20* – Fax: 93 203 17 91
www.oceano.com

Derechos exclusivos de edición en español
para todos los países del mundo.

Queda rigurosamente prohibida, sin la autorización escrita de los titulares
del copyright, bajo las sanciones establecidas en las leyes, la reproducción
parcial o total de esta obra por cualquier medio o procedimiento,
comprendidos la reprografía y el tratamiento informático, así como
la distribución de ejemplares mediante alquiler o préstamo público.

ISBN: 84-494-1813-5
Depósito Legal: B-39220-XLIII
Impreso en España - Printed in Spain
01112030

Sumario

Pictogramas

 infancia

 hábitos cotidianos

 trabajo

 lecturas e influencias

 recepción y crítica

 escuela y universidad

 enemigos

 amores

 religión y creencias

 amistades

 sociedad y época

 viajes

 familia

 obra

 cine

 política

 principios

 premios

 ideas

¿Sabías que...?

- ◌➤ La madre de Neruda falleció un mes después de haber dado a luz al poeta. *(pág. 15)*

- ◌➤ **Neruda fue acusado de plagio cuando publicó** *Veinte poemas de amor y una canción desesperada.* *(pág. 26)*

- ◌➤ Neruda fue embajador de Chile en Rangún (Birmania). *(pág. 31)*

- ◌➤ **Neruda fue uno de los mejores amigos del poeta español Federico García Lorca.** *(pág. 37)*

- ◌➤ Neruda se vio obligado a huir de su país en 1947 debido a sus convicciones políticas. *(pág. 46)*

- ◌➤ **Neruda ganó el Premio Nobel de Literatura en 1971.** *(pág. 57)*

- ◌➤ Neruda murió en 1973, doce días después del golpe de estado perpetrado por Augusto Pinochet. *(pág. 61)*

- ◌➤ **Las experiencias de la guerra civil española, así como de la Segunda Guerra Mundial fueron decisivas para que Neruda asumiera como propia la lucha política antifascista.** *(pág. 71)*

- Además de su ingente obra poética, Neruda escribió dos textos autobiográficos (*Confieso que he vivido y Memorial de Isla Negra*). (*pág. 78*)

- **Neruda polemizó a lo largo de su vida con con los críticos literarios más importantes de su país.** (*pág. 84*)

- Uno de sus detractores más feroces, Pablo de Rokha, se convirtió prácticamente en fustigador profesional del poeta chileno. (*pág. 99*)

Invitación a Neruda

Frecuentemente se ha comparado la obra de Neruda con la pintura de Picasso, tal es la variedad y riqueza de sus enfoques. De la misma manera que el pintor malagueño atravesó por diferentes etapas y se nutrió de las más diversas influencias, interpretándolas de una forma absolutamente personal y logrando superarlas, la trayectoria del poeta chileno es un admirable ejemplo de abundancia, imposible de encasillar en un molde único.

Sólo un espíritu creador plenamente inscrito en la modernidad podía generar un arte tan múltiple y ambivalente, y al mismo tiempo mostrar una coherencia interna y unos vínculos tan precisos entre cada una de sus vertientes. Si por un lado resulta difícil establecer analogías entre el autor atormentado de *Residencia en la tierra* y el poeta que canta con fervor las pequeñas cosas en *Odas elementales*, por el otro es indudable que se trata de una misma voz sabiamente modulada. Neruda conoce el secreto de transformarse a cada paso sin dejar de ser fiel a sí mismo.

Poesía y compromiso

Si esta multiplicidad dificulta la tarea de acercarse a la figura de Neruda, hay otro aspecto que la complica extraordinariamente: la imposibilidad de separar al individuo particular y al personaje político. El poeta y el militante, los versos y el combate ideológico, son casi indiscernibles en el itinerario del escritor chileno a partir de 1936, cuando la sangre derramada en la Guerra Civil española le abrió los ojos a una nueva visión del mundo.

Su adhesión al Frente Popular chileno y su compromiso con el Partido Comunista, que le convirtieron en un perseguido político y le llevaron a la clandestinidad y al exilio, pesaron decisivamente sobre los juicios que se formularon de su obra. Además, gran parte de ésta discurrió según los principios del realismo socialista, que Neruda defendió a capa y espada, a pesar de los enemigos que ello le comportó.

Hay que disculpar, por tanto, que pocas veces se haya realizado un análisis objetivo, libre de prejuicios, de su producción poética. Y, al mismo tiempo, es preciso reconocer que toda aproximación a Neruda que intente soslayar esa controversia sólo ofrecerá un punto de vista estrecho y limitado de su obra. La imparcialidad no es una opción en el caso del poeta chileno, ya que política, estética y ética son facetas inseparables dentro de su universo personal y poético. Neruda siempre obligará a sus lectores a tomar partido.

Probablemente, la mejor manera de separar lo importante de lo accesorio consiste en recordar ante todo su dimensión de poeta latinoamericano, en pie de igualdad con el otro gran cantor del continente, Walt Whitman. A partir de este radical americanismo puede entenderse el calado y la razón de ser de su compromiso social, íntimamente ligado a la evolución histórica de los pueblos que fueron protagonistas de muchos de sus versos.

En este sentido, Neruda pronunció unas palabras extraordinariamente lúcidas al recoger el premio Nobel, el 13 de diciembre de 1971, apenas dos años antes de su muerte: «Necesitamos colmar de palabras los confines de un continente mudo y nos embriaga esta tarea de fabular y de nombrar. Tal

vez ésa sea la razón determinante de mi humilde caso individual, y en esa circunstancia mis excesos, o mi abundancia, o
mi retórica, no vendrían a ser sino actos, los más simples, del
menester americano de cada día». Neruda, pues, reconocía
que la poesía era la herramienta que él había escogido para
hacer profesión de fe de este americanismo.

~:~

a capa y espada . 1) prenda de vestir
largo y suelta, sin mangas,
abierta por delante, que se
lleva sobre los hombros
encima del vestido
2) Aquello que cubre o baña
alguna cosa (cloak)

Soslayar : 1) pasar por alto algo, especialmente
una dificultad, dejándolo de
lado
2) poner una cosa ladeada, de
través o oblicua para pasar
una estrechura

[estrechar : tighten, narrow, squeeze, tighten ...]

menester : oficio u ocupación habitual
(menesteres : necesidades fisiológicas)
del lat. ministerium : 'servicio', 'oficio'

embriagar se : causar embriaguez a alguien
atontar, perturbar, o
adormecer a alguien

Memoria de una vida

La vida de Neruda es, ante todo, la historia de una rebeldía. Para empezar, el niño Ricardo Eliecer Neftalí comenzó afrontando la hostilidad de su padre, que se opuso de una manera tajante a que su hijo fuera un simple poeta. Luego hubo de combatir contra sí mismo, plantando cara a su tendencia a abismarse en una introversión desoladora que le alejaba de sus semejantes. Estas dos primeras y grandes batallas, de las que salió victorioso, le permitieron nacer de nuevo con el nombre de Pablo Neruda y forjar una poderosa personalidad creadora que ha brillado con intensa luz en el panorama de las letras del siglo xx.

Pero las rebeliones no acabaron aquí. Cuando necesitó encontrar en lo más hondo de su alma una voz poética auténtica y genuina, Neruda se vio obligado a sacudirse el lastre romántico que le atenazaba y que hubiera hecho de él un poeta entre muchos. Del mismo modo, durante su estancia en Oriente, que fue para él un interminable exilio, consiguió trasmutar las tinieblas de su espíritu angustiado en el oro sombrío de unos versos intensamente originales, los de su libro *Residencia en la tierra*.

¿Y qué decir de la rebeldía del hombre? Después de contemplar con horror la sangre derramada en las calles de Madrid y de sufrir en propia carne la violencia nazi, Neruda optó por la insubordinación más radical, profesando una militancia que le expuso ante sus enemigos y le hizo objeto de crueles descalificaciones. Aunque sea cierto que se mantuvo ciego y sordo ante el totalitarismo soviético, su compromiso con los humildes fue absoluto. Luchó contra los reaccionarios de medio mundo y sobre todo contra los de su querido Chile, hasta que el trágico fin de Salvador Allende acabó con sus sueños de una patria libre y renacida, preludiando su propia muerte.

Muchos aspectos de la biografía de Neruda, especialmente los relativos a su vida privada, permanecen ocultos tras un velo de ambigüedad e imprecisión. El poeta trasladó siempre sus circunstancias políticas y personales a sus libros, que vienen a ser un reflejo permanente de las cambiantes inquietudes que le ocupaban. Pero los versos ofrecen, como no podía ser de otro modo, un eco remoto y enigmático de la existencia real, que oculta más que aclara los pormenores y los hechos concretos.

Por otro lado, Neruda fue extraordinariamente cauto a la hora de revelar detalles sobre sus peripecias amorosas, e incluso mantuvo en secreto durante años su relación con Matilde Urrutia, su compañera hasta el último día. Probablemente contribuyó a esta actitud su dimensión de figura pública, pero también se aprecia a lo largo de su vida cierta propensión al disfraz, el deseo de refugiarse tras un escudo protector, sea un seudónimo, una casa inaccesible o un país lejano.

No hay duda de que el acoso de admiradores y adversarios acentuó esta reserva, así como las dos obras autobiográficas que escribió, *Confieso que he vivido* y *Memorial de Isla Negra*, en las que dio de sí mismo una versión que debía ser canónica, ajustada a las luces y sombras que había decidido proyectar para los demás sobre su verdadera existencia. La atmósfera entre anecdótica y legendaria que se desprende de estos libros permite descubrir, tras el personaje arrollador, la persona que soportó con incomparable dignidad el peso de convertirse en uno de los símbolos de la América Latina de hoy.

El muchacho solitario

Pablo Neruda nació en Parral, una pequeña ciudad agrícola situada en el centro de Chile, el 12 de julio de 1904. Bautizado con el nombre de Ricardo Eliecer Neftalí, era el primer hijo de José del Carmen Reyes Morales y Rosa Basoalto Opazo, que habían contraído matrimonio en octubre de 1903. La madre, maestra de primaria, padecía tuberculosis y falleció un mes después de dar a luz. En su libro de memorias *Confieso que he vivido*, Neruda escribe: «Sin que yo lo recuerde, sin saber que la miré con mis ojos, murió mi madre doña Rosa Basoalto».

Años después, el niño podrá contemplar un retrato de su madre desaparecida: «Era una señora vestida de negro, delgada y pensativa. Me han dicho que escribía versos, pero nunca he visto nada de ella, sino aquel hermoso retrato». La prematura pérdida dejará una profunda huella en el poeta y en el hombre, que a lo largo de toda su vida buscará en las mujeres amadas el reflejo de la madre ausente.

Cuando sólo tenía dos años, el niño se trasladó con su padre a Temuco, población del sur de Chile y capital de la región de la Araucania. Allí, el primer protagonista en el recuerdo del poeta será la incesante lluvia austral, que lo con-

Rosa Basoalto Opazo, la madre de Pablo Neruda, falleció en 1904, sólo un mes después de dar a luz al futuro poeta.

vertía todo en un mar inhóspito e intransitable: «Por las veredas, pisando en una piedra y en otra, contra frío y lluvia, andábamos hacia el colegio. Los paraguas se los llevaba el viento. Los impermeables eran caros, los guantes no me gustaban, los zapatos se empapaban. Siempre recordaré los calcetines mojados junto al brasero y muchos zapatos echando vapor, como pequeñas locomotoras».

Esta última imagen está relacionada, sin duda, con la figura del padre, José del Carmen, que era ferroviario. Conducía un tren lastrero, así llamado porque recorría las vías depositando lastre (es decir, balasto: piedra machacada) sobre las traviesas, a fin de que los vendavales y las lluvias torrenciales no arrancasen los rieles. En la imaginación infantil, el padre temible, distante y rígido quedó identificado con el tren, y así lo evocaría más adelante el poeta.

Los primeros años de Neruda transcurrieron en Temuco, donde el niño creció rodeado de una extensa familia de primos y tíos. En 1906, el padre se había casado por segunda vez con Trinidad Candia Marverde, a la que el poeta llamaba «Mamadre» y a la que nunca consideró su madrastra: «Me parece increíble tener que dar este nombre al ángel tutelar de mi infancia. Era diligente y dulce, tenía sentido del humor campesino, una bondad activa e infatigable. Apenas llegaba mi padre, ella se transformaba sólo en una sombra suave como todas las mujeres de entonces y de allá». Trinidad dio a José del Carmen dos hijos más, Laura y Rodolfo, a los que Neruda se ha referido en sus memorias y en algunos de sus poemas.

Los refugios de un niño

A pesar de las atenciones de su nueva madre, la infancia del poeta estuvo marcada por el signo de la soledad. El niño era retraído y soñador, poco amigo de los juegos que no tuviesen como escenario su propia imaginación o los bosques silenciosos, por los que se aficionó a deambular en compañía de sus propios pensamientos. En 1910 había ingresado en el liceo de Temuco, «un vasto caserón con salas destartaladas y subterráneos sombríos», donde estudió durante diez años.

En cuanto aprendió a leer, los libros llegaron a ser los mejores compañeros de sus horas solitarias. Primero fueron las hazañas de Buffalo Bill, de quien no le gustaba su afición a matar indios pero admiraba su habilidad

> *La infancia del poeta estuvo marcada por el signo de la soledad*

como jinete. Inmediatamente después vinieron Emilio Salgari, con su héroe Sandokan, y las extraordinarias historias de Julio Verne, que le fascinaban. A continuación, las lecturas incluyeron autores diversos y heterogéneos, desde Vargas Vila a Diderot, pasando por Gorki, Felipe Trigo o Víctor Hugo.

El adolescente devora las páginas con avidez. «Como un avestruz, yo tragaba sin discriminar», dirá en sus memorias. «El saco de la sabiduría humana se había roto y se desgranaba en la noche de Temuco. No dormía ni comía leyendo. No voy a decir a nadie ni nunca que leía sin método. ¿Quién lee con método? Sólo las estatuas». Como la lluvia que empapaba sin descanso las casas y las calles de Temuco, la fértil imaginación del futuro poeta se impregnaba de aquellas impresiones desordenadas, hasta el punto de que muy pronto estuvo decidido a emular a los escritores que admiraba.

En verano, la familia se trasladaba a la pequeña población costera de Bajo Imperial huyendo del calor extremo, que en Temuco era tan inclemente como el frío y las lluvias invernales. En ese lugar el muchacho se encontró cara a cara con el mar: «Cuando estuve por primera vez frente al océano quedé sobrecogido. Allí, entre dos grandes cerros (el Huil-

Primeros pasos de un coleccionista

En los bosques cercanos a Temuco alimentó Neruda su pasión por la naturaleza. Los escarabajos, los pájaros y las flores llamaban poderosamente su atención, y poco a poco se fue familiarizando con estos habitantes maravillosos de la selva. Posteriormente, tras descubrir ese interminable bosque de olas que es el océano, se interesó por las caracolas, de las cuales llegó a reunir a lo largo de su vida una magnífica colección. En sus memorias cuenta que estas pequeñas obras de arte esculpidas en nácar «me dieron el placer de su prodigiosa estructura: la pureza lunar de una porcelana misteriosa agregada a la multiplicidad de las formas, táctiles, góticas, funcionales». En 1953 el poeta donaría su extraordinaria colección de caracolas y su extensa biblioteca a la Universidad de Santiago, como primer paso para la creación de la Fundación Pablo Neruda.

que y el Maule) se desarrollaba la furia del gran mar. No sólo eran las inmensas olas nevadas que se levantaban a muchos metros sobre nuestras cabezas, sino un estruendo de corazón colosal, la palpitación del Universo». Con el paso del tiempo, Neruda cantará en su poesía al océano indomable, símbolo de la mujer y fuente inagotable de vida.

Otra revelación de adolescencia fue, por supuesto, el misterio del amor. Un compañero del liceo le pidió que escribiera en su nombre cartas de amor a una niña llamada Blanca Wilson, hija del herrero de Temuco. El joven Ricardo Reyes cumplió tan bien el encargo que ella adivinó quién era el verdadero autor de las misivas y le regaló un membrillo en señal de reconocimiento: «Desplazado así mi compañero en el corazón de la muchacha, continué escribiéndole a ella interminables cartas de amor y recibiendo membrillos».

Como se ve, aquellas epístolas, que fueron probablemente sus primeros escritos literarios, tuvieron un éxito considerable. No ocurrió lo mismo con su primer poema. Cuando lo entregó tembloroso a su padre, después de haberlo pasado cuidadosamente a limpio, José del Carmen se limitó a preguntar: «¿De dónde lo copiaste?». Fue el episodio inicial de un grave desencuentro ente el hijo y el padre, ya que éste se negó en redondo a que el muchacho siguiese su vocación de poeta e incluso recurrió, para impedirlo, a toda una serie de prohibiciones y castigos.

Entusiasmo y perseverancia

Ante la oposición paterna, Ricardo Reyes demostró poseer una voluntad férrea y un espíritu rebelde. Era un muchacho tímido, pero no estaba dispuesto a renunciar a la felicidad recién descubierta en los versos. Continuó escribiendo, aunque, con objeto de evitar la intolerancia del padre, no utilizó su verdadero nombre y se refugió en diversos seudónimos de los más variado.

En julio de 1917 vio la luz su primer texto impreso, un artículo titulado significativamente «Entusiasmo y perseverancia», que apareció en *La Mañana*, periódico local de Temuco fundado por su tío Orlando Mason, también poeta. A partir de ese momento, y siempre bajo seudónimo, el joven escritor publicó numerosos textos en revistas de Temuco, Santiago, Chillán y Valdivia. Su inspiración se había puesto en marcha y ya nada ni nadie pudo detenerla.

Paulatinamente, su espíritu se abría a nuevas influencias y sus aspiraciones literarias le llevaron a vencer la timidez. Juvencio Valle, joven poeta que había llegado a Temuco en 1911, fue uno de sus primeros amigos y quien más le reafirmó en sus aspiraciones.

En casa de su tío Orlando, convertido en cierto modo en su cómplice, Neruda conoció a algunos intelectuales y quedó deslumbrado por sus brillantes conversaciones. Al mismo

Nace Pablo Neruda

Para escribir libremente y sortear la negativa paterna, Ricardo Reyes eligió un seudónimo inspirándose en el nombre del escritor checo Jan Neruda (1834-1891). El poeta relató en una entrevista cómo había adoptado esta decisión: «Un día que temía más que de costumbre que mi padre descubriera la verdad –lo que hubiera sido una catástrofe–, me tocó recorrer las páginas de una revista en la cual había un cuento firmado por Jan Neruda. Entonces tomé Neruda para segundo nombre y puse Pablo como primero. Pensé que sería por algunos meses».

En realidad fue definitivo, e incluso en 1946 se dictó la sentencia judicial que declaraba que su nombre legal era Pablo Neruda. Pero éste no fue el único seudónimo del poeta. Utilizó también el de Sacha Yegulev, personaje del escritor ruso Leonid Andréiev, para artículos de crítica literaria, y el nombre de Lorenzo Rivas para otros escritos comprometidos. Además fue el anónimo «capitán» de *Los versos del capitán*, libro publicado en 1950.

tiempo, su profesor de francés en el liceo, Ernesto Torrealba, le guió en la lectura de Baudelaire, Verlaine y Rimbaud, cuyas obras, extrañas y distintas a lo que había leído hasta entonces, le impresionaron.

Juvencio Valle ha evocado la figura del joven liceísta Ricardo Reyes, su silueta alta y delgada, su aire distraído y sus cabellos rebeldes. Lo cierto es que al principio fue un mal alumno, siempre encerrado en sí mismo, pero luego se integró en el ambiente e incluso pasó a ser un auténtico líder hiperactivo. Además de formar parte de la Asociación de Estudiantes de Cautín, fue nombrado corresponsal en Temuco de la revista *Claridad*, que publicaba en la capital la Federación de Estudiantes de Chile, y fundó un ateneo junto con algunos de sus compañeros que también se interesaban por la literatura.

Así pues, con sólo quince años Neruda empezó a transformarse en el poeta laborioso y comprometido que deseaba ser. Además de participar en reuniones literarias, dar algunas conferencias y colaborar en revistas, intervino con éxito en varios concursos poéticos, consiguiendo el tercer premio en los Juegos Florales del Maule (octubre de 1919) y el primero en la Fiesta Primaveral de Temuco (noviembre de 1920). Todo ello sin abandonar sus proyectos literarios: dos volúmenes de versos en los que trabajaba tenazmente y que iban a ser el germen de *Crepusculario*, su primer libro de poemas.

Por aquel entonces llegó a Temuco la poetisa Gabriela Mistral, que había sido nombrada directora del liceo femenino. Neruda la describe en sus memorias como «una señora alta, con vestidos muy largos y zapatos de tacón bajo». Ciertamente no tuvo con ella una relación demasiado estrecha, debido a la diferencia de edad y a la timidez que todavía aquejaba al joven poeta. Ga-

Paralelismos entre dos grandes poetas chilenos

Ricardo Reyes adoptó el seudónimo de Pablo Neruda. También Gabriela Mistral, que se llamaba en realidad Lucila Godoy de Alcayaga, había tomado un seudónimo, en su caso del poeta provenzal Fréderic Mistral, al que admiraba.

Cuando en 1934 Neruda fue nombrado cónsul en Barcelona, Gabriela Mistral era cónsul en Madrid. Ambos intercambiaron sus destinos para que Neruda pudiera vivir en la capital de España.

En 1938, los dos poetas colaboraron decisivamente en la victoria de Pedro Aguirre Cerda, candidato a la presidencia por el Frente Popular Chileno.

Gabriela Mistral y Pablo Neruda son los dos poetas chilenos que han obtenido el Premio Nobel de Literatura, la primera en 1945 y Neruda en 1971.

briela Mistral era una autora consagrada desde que en 1914 había dado a conocer su obra *Sonetos de la muerte*. Su celebridad le intimidaba, pero Neruda consiguió acercarse a aquella mujer amable y sonriente que le inició en la lectura de novelistas rusos como Tolstoi, Dostoievski y Chéjov. El destino natural de Neruda estaba en la capital del país, Santiago, a donde se trasladó en 1921 para seguir la carrera de profesor de francés en el Instituto Pedagógico. «Provisto de un baúl de hojalata, con el indispensable traje negro de poeta, delgadísimo y afilado como un cuchillo, entré en la tercera clase del tren nocturno que tardaba un día y una noche interminables en llegar a Santiago». Comenzaba para el poeta una nueva y decisiva etapa de su vida. Quedaban atrás los escenarios de su infancia, los bosques y la lluvia de Temuco, y empezaba a forjarse el hombre cosmopolita y apasionado, capaz de bucear en lo más profundo de su alma y de comprometerse totalmente con la época que le había tocado vivir. No obstante, Neruda escribiría más tarde: «Sigo siendo un poeta de la intemperie, de la selva fría que perdí desde entonces».

Días de bohemia

Neruda encontró en la ciudad de Santiago un lugar difícilmente habitable, lleno de miseria e incomodidades: «Olía a gas y a café. Miles de casas estaban ocupadas por gentes desconocidas y por chinches. El transporte en las calles lo hacían pequeños y destartalados tranvías, que se movían trabajosamente con gran bullicio de fierros y campanillas». Alojado en una pensión de la calle Maruri, se sentía perdido, comía poco y mal, no se relacionaba con nadie. De pronto, el mundo le parecía más sucio, oscuro y hostil. Encerrado en su habitación, dedicaba todo su tiempo a escribir hasta cinco poemas al día:

«Me refugié en mi poesía con ferocidad de tímido».

Sin embargo, no tardó en encontrar espíritus afines, jóvenes poetas que llevaban una vida bohemia. Amigos de beber sin tasa hasta el amanecer, recitarse versos incansablemente y frecuentar la compañía femenina, en ellos encontró Neruda unos compañeros perfectos para aquellos tiempos de pobreza y entusiasmo. Uno de los más apreciados por Neruda fue Alberto Rojas Jiménez, que colaboraba en la revista *Claridad* y era uno de los más extravagantes personajes del mundillo literario santiaguino. Neruda ha escrito: «Burlándose de mí, con infinita delicadeza, me ayudó a despojarme de mi tono sombrío».

Junto con Rojas Jiménez, los jóvenes poetas Aliro Oyarzún y Joaquín Cifuentes Sepúlveda fueron los amigos inseparables de Neruda en este período. Sin duda, estos colegas incitaron al poeta a perder su timidez, a abrirse al mundo y a adquirir una visión más humana de cuanto le rodeaba. Años después, en el poema «Compañeros de viaje», Neruda recordó lo aprendido junto a aquellos alegres camaradas:

> *Entré a ser hombre*
> *cantando entre las llamas acogido*
> *por compañeros de condición nocturna*
> *que cantaron conmigo en los mesones*
> *y que me dieron más de una ternura,*
> *más de una primavera defendida*
> *por sus hostiles manos,*
> *.único fuego, planta verdadera*
> *de los desmoronados arrabales.*

Los amigos de Neruda eran, como él mismo, lectores apasionados. A los escritores rusos, que Neruda había empezado a conocer gracias a Gabriela Mistral, se sumaron los escandinavos, especialmente Knut Hansum y Selma Lagerloff. Junto a

La capa de los poetas

Neruda estaba acostumbrado a vestir de oscuro desde la adolescencia. Pronto descubrió que aquél era el color de los poetas decimonónicos y convirtió su atuendo en una especie de indumentaria ritual. En sus memorias cuenta lo siguiente: «La empresa de ferrocarriles proveía a mi padre, para sus labores a la intemperie, de una capa de grueso paño gris que nunca usó. Yo la destiné a la poesía. Tres o cuatro poetas comenzaron a usar también capas parecidas a la mía, que cambiaba de mano. Esta prenda provocaba la furia de las buenas gentes y de algunos no tan buenos».

Así, pues, se impuso la moda de la capa, que escandalizaba por su rareza, entre los atrevidos vates de Santiago. A juicio de Neruda aquella prenda les hacía parecer espantapájaros, y nadie sospechaba que su utilización no se debía a su originalidad sino a la pobreza del poeta. Todo ello no impidió que la capa despertara la curiosidad de muchos y se convirtiera en un signo de distinción.

las obras de ficción despertaban su interés algunos textos políticos y filosóficos. Los libros de Marx, Engels y Schopenhauer pasaban de mano en mano. Pero, por encima de todos, eran los defensores del individualismo a ultranza, como Nietzsche, quienes más les seducían. En este sentido, una obra de Max Stirner como *El único y su propiedad*, en la que se criticaba el orden social tradicional desde posturas anarquizantes y se proponía la exaltación del yo como única vía de liberación, causó un gran impacto entre aquéllos muchachos que buscaban ideas explosivas para alimentar sus inquietos espíritus.

Versos arrebatados

Esta especie de anarquismo literario, practicado por todos, no impedía a Pablo Neruda centrarse en su producción poética más profunda, que era casi en su totalidad de carácter amoroso. En octubre de 1921 ganó el primer premio en un concurso convocado por la Federación de Estudiantes, con un poema que aún registra la influencia del modernismo. Sus versos comenzaban a ser leídos en audiciones públicas y tertulias literarias, pero le faltaba el impulso definitivo de un primer libro para consagrarse como el poeta del día. Lo iba a conseguir con *Crepusculario*, que apareció en 1923, cuando Neruda acababa de cumplir diecinueve años.

Para costear la impresión de *Crepusculario* tuvo que vender sus escasos muebles y un reloj que le había regalado su padre. A Neruda el sacrificio le importó poco: tenía en sus manos su primera creación, con la que tanto había soñado: «Ese minuto en que sale fresco de tinta y tierno de papel el primer libro, ese minuto arrobador y embriagador, con sonido de alas que revolotean y de primera flor que se abre en la altura conquistada, ese minuto está presente una sola vez en la vida del poeta».

Los críticos lo recibieron con un aplauso tan efusivo que Neruda se lanzó arrebatadamente, con «una embriaguez de estrella», a la composición de su segundo libro. Guiado

Neruda a los 19 años. En aquella época, el joven poeta estudiaba la carrera de profesor de francés en Santiago. En la capital chilena, Neruda llevó una vida bohemia.

Acusación de plagio

El poema número XVI de *Veinte poemas de amor y una canción desesperada* suscitó controversia debido a su parecido con un pasaje de *El jardinero*, obra de Rabindranath Tagore. El texto del autor hindú comenzaba con el verso: «Tú eres la nube del crepúsculo que flota en el cielo de mis sueños», que Neruda transformó así: «En mi cielo al crepúsculo eres como una nube». Las semejanzas no cesan aquí, pues todo el poema es una paráfrasis (interpretación libre) del modelo original.

Neruda afirmó que había hecho la paráfrasis de Tagore como un juego, a petición de la muchacha de Temuco, y que cuando quiso incluir una nota explicativa en la primera edición del libro, que ya estaba en la imprenta, su amigo Joaquín Cifuentes le disuadió diciendo que la acusación de plagio aumentaría su venta. El poeta siguió el consejo lleno de dudas, pero en la siguiente edición el poema XVI apareció ya con la advertencia «Paráfrasis a R. Tagore».

por la inspiración, como si escribiera al dictado, elaboró *El hondero entusiasta* en unas cuantas semanas. Pero su amigo Aliro Oyarzún, después de leerlo, le aseguró que en sus versos se apreciaba claramente la influencia del poeta uruguayo Carlos Sabat Ercasty, al que Neruda admiraba.

Para salir de dudas, esa misma noche envió su obra a Sabat Ercasty, quien fue tajante en su respuesta: «Pocas veces he leído un poema tan logrado, tan magnífico, pero tengo que decírselo: sí, hay algo de Sabat en esos versos». La reacción de Neruda fue fulminante: rompió todos los originales que tenía a mano y decidió no dejarse llevar ciegamente por la inspiración nunca más. *El hondero entusiasta* no vería la luz hasta diez años después, en 1933.

Esta decepción, sin embargo, fue enriquecedora para el poeta, que supo aquilatar su estilo y orientar su expresión por el camino de la autenticidad: «Entonces, ciñendo la forma, cuidando a cada paso, sin perder mi ímpetu original, buscando de nuevo mis más sencillas reacciones, mi propio mundo armónico, empecé a escribir otro libro de amor». El resultado fueron los *Veinte poemas de amor y una canción desesperada*, su más famoso volumen de versos.

Dos amantes enigmáticas

Neruda ha definido *Veinte poemas de amor y una canción desesperada* como «un libro doloroso y pastoril que contiene mis más atormentadas pasiones adolescentes, mezcladas con la naturaleza arrolladora del sur de mi patria». El erotismo de sus versos está inspirado por dos musas cuyos nombres no se mencionan. Se trata de sendos amores del poeta: una muchacha a la que poseyó en los bosques de Temuco y otra joven con la que mantuvo un idilio en Santiago.

Posteriormente Neruda las ha bautizado con los nombres de Marisol y Marisombra, y a cada una ellas están dedicados diez poemas. Sólo se conoce el nombre verdadero de la segunda, Albertina Rosa, hermana de uno de los amigos de Neruda, Rubén Azócar. Pensando en Albertina escribió los célebres versos:

Me gustas cuando callas porque estás como ausente
y me oyes desde lejos, y mi voz no te toca.
Parece que los ojos se te hubieran volado
y parece que un beso te cerrara la boca.

El poema número xx, que se cuenta también entre los más conocidos de Neruda, está inspirado por la otra musa, su amor de Temuco. Ella le sugirió el famoso alejandrino:

Puedo escribir los versos más tristes esta noche.

Tanto en *Crepusculario* como en *Veinte poemas de amor y una canción desesperada* resuenan todavía ecos posmodernistas. No obstante, a través de ellos, Neruda demuestra que posee una voz poética muy personal. Así, su punto de vista subjetivo y sensual, centrado en los sentimientos que le sugiere la mujer, consigue expresarse por medio de imágenes ciertamente originales. La juventud latinoamericana de la época iba a sentirse plenamente identificada con el tono lírico de estos libros, especialmente del segundo (*Veinte poemas de amor y una canción desesperada*), que pronto se convirtió en una de las cumbres de la poesía amorosa en lengua española de todos los tiempos.

Aunque *Veinte poemas de amor y una canción desesperada* cosechó el favor de los lectores, los críticos estuvieron lejos de alcanzar esa unanimidad. El novelista Mariano Latorre, por ejemplo, tachó de excesivamente retórico y cerebral el sufrimiento manifestado en los versos de Neruda. Éste se defendió en el diario *La Nación*: «Diez años de tarea solitaria, que hacen con exactitud la mitad de mi vida, han hecho sucederse en mi expresión ritmos diversos, corrientes contrarias. Amarrándolos, trenzándolos, sin hallar lo perdurable, porque eso no existe, ahí están *Veinte poemas de amor y una canción desesperada*. Dispersos como el pensamiento en su inasible variación, alegres y amargos, yo los he hecho y algo he sufrido haciéndolos».

Individualismo y solidaridad

Al polemizar con la crítica adversa, Neruda no sólo revelaba tener una sensibilidad especialmente aguda ante lo que consideraba lecturas superficiales de su obra. Desde que su padre había recibido con indiferencia sus primeros versos, él se había visto obligado a escapar de la censura paterna refugiándose en un seudónimo. En realidad era una manera de

4/12/23

enfrentarse a todo autoritarismo, a cualquier expresión de injusticia, asumiendo una actitud de protesta que pronto le llevaría al terreno político.

Neruda era asiduo de la Federación de Estudiantes y colaboraba regularmente en la revista *Claridad*, su principal publicación, de tendencia anarquista. En este ambiente pudo conocer a líderes estudiantiles y obreros, como Juan Gandulfo y Luis Emilio Recabarren. Desde 1920 gobernaba el país Arturo Alessandri, un liberal que había llegado al poder con un programa de reformas moderadas que no consiguió llevar a cabo debido a la oposición de los conservadores. Insatisfechas las demandas populares, menudearon las manifestaciones de los trabajadores cesantes de los yacimientos de (mine) nitrato y cobre. Apoyaba a los obreros el movimiento estudiantil, que exigían también la autonomía universitaria y la despolitización de la enseñanza. Desbordado por los acontecimientos, Alessandri encargó a la policía reprimir a los manifestantes.

> **«Veinte poemas de amor y una canción desesperada» jamás obtuvo buenas críticas**

«Desde aquella época y con intermitencias, se mezcló la política en mi poesía y en mi vida», asegura Neruda en *Confieso que he vivido*. Desde luego, el poeta desarrolló en esos años una intensa actividad social: intervino en huelgas, manifestaciones y protestas, publicó textos comprometidos en *Claridad* (e incluso algunos poemas sociales que firmó con el seudónimo de Lorenzo Rivas) y en 1923 se sumó a la candidatura parlamentaria izquierdista de Carlos Vicuña. A sus ideales anarquistas se sumaba su admiración por la fortaleza creciente del partido comunista, que alentaba con tenacidad las reivindicaciones populares.

A pesar de todo, el impulso solidario experimentado por el Neruda en su vida cotidiana no se percibe de la misma manera en la obra del poeta. Mientras su existencia se impregna de política, sus versos son alcanzados también por un viento de renovación, pero en un sentido más estético que social. Los tres libros que publica en 1926 son *Tentativa del hombre infinito* (poemas), *Anillos* (poemas en prosa, escrito en colaboración con Tomás Lago) y *El habitante y su esperanza* (novela corta). En ellos aborda géneros diversos y hace gala de un experimentalismo desconocido en sus primeros textos. En el caso de *Tentativa del hombre infinito*, las audacias formales (ruptura de la sintaxis, ausencia de puntuación, imágenes confusas) dan como resultado un libro surrealista y e innovador, que fue ignorado por los críticos y escasamente leído por el público, aunque con el paso de los años se haya revelado fundamental en la evolución de la poesía de Neruda.

Infierno en Birmania

En 1927, el joven poeta Pablo Neruda era ya lo suficientemente conocido en Santiago. Como ha referido en sus memorias, «un premio literario estudiantil, cierta popularidad de mis nuevos libros y mi capa famosa, me habían proporcionado una pequeña aureola de respetabilidad, más allá de los círculos estéticos». Todo el mundo le aconsejaba que viajase a Europa, a París a ser posible, para conocer de cerca las modas artísticas imperantes y consolidar su carrera.

Con objeto de conseguir un puesto en el servicio consular, su amigo Víctor Bianchi, que había sido embajador, le llevó a ver al ministro de Relaciones Exteriores. Inmediatamente se mencionaron «varias ciudades diseminadas en el mundo, de

Tras las huellas de Sandokan

En su infancia, Neruda había vibrado con las aventuras de Sandokan, el tigre de Malasia, héroe creado por el narrador italiano Emilio Salgari. Al aproximarse a los fabulosos escenarios tantas veces imaginados, el poeta se sintió invadido por una extraordinaria emoción: estaba a punto de encontrarse frente a frente con aquellos personajes que le habían hecho soñar.

Desgraciadamente, la realidad le pareció decepcionante. En una de sus colaboraciones publicadas en *La Nación*, el poeta se refiere a los viejos héroes piratas: «Los herederos de Sandokan han muerto o se han fatalizado, no tienen aire heroico, su presencia es miserable. Su único barco pirata lo he visto ayer en el Museo Raffles: era el navío de los espíritus en la mitología malaya. De sus mástiles colgaban tiesos ahorcados de madera, sus terribles mascarones miraban al infierno».

las cuales sólo alcancé a pescar un nombre que nunca había oído ni leído antes: Rangún». Neruda dijo sin vacilar que deseaba ir a aquel lugar desconocido, y su nombramiento de cónsul honorario se produjo en el acto. Una vez en la calle, el júbilo le desbordó: iba a viajar hasta el fabuloso Oriente.

Acompañado por un amigo, el también poeta Álvaro Hinojosa, Neruda partió de Santiago en junio de 1927. Buenos Aires, Río de Janeiro, Lisboa, Madrid y París fueron las primeras etapas del largo viaje. El poeta recoge fugaces impresiones: de Lisboa recuerda a los pescadores en las calles, y de Madrid evoca los cafés abarrotados y a Primo de Rivera «dando la primera lección de tiranía a un país que iba a recibir después la lección completa». En París estableció contacto con la colonia sudamericana, pero pronto se trasladó a Marsella para embarcar hacia su destino: «El Mediterráneo se fue abriendo con sus puertos, sus alfombras, sus traficantes, sus mercados».

Tras recalar en Port Said, Djibuti y Colombo, Neruda desembarcó en Madrás y luego en Singapur. Las visiones iniciales que le proporcionaron estos países quedaron plasmadas en algunas crónicas que envió al diario *La Nación*. Se trata de magistrales evocaciones, llenas de colorido y detalles exóticos, que dan cuenta de su deslumbramiento: «Los mendigos ciegos anuncian su presencia a campanillazos. Los encantadores de serpientes arrullan sus cobras sonando su música triste, farmacéutica. Es un inmenso espectáculo de multitud cambiante, de distribución millonaria; es el olor, el traqueteo, la paciencia, el color, la sed, la mugre, la costumbre del Lejano Este».

Instalado por fin a finales de 1927 en Rangún, capital de Birmania, el Neruda maravillado por Oriente choca de bruces con su auténtica situación. Los cónsules honorarios tienen un sueldo miserable, que se cobra con mucho retraso y a veces ni siquiera se cobra.

Las cartas tardan tres meses en llegar de Chile, y las posibilidades de publicar en Europa o en su país son remotas. Comienza un largo período de penuria, soledad y congoja de la que el poeta ha dejado angustiosos testimonios.

Humo en el corazón

En las cartas que escribió desde Rangún a algunos amigos, como José Santos González Vera y Héctor Eandi, Neruda manifiesta una absoluta desesperación. Para él, aquella ciudad era un infierno: «Yo sufro, me angustio con hallazgos horribles, me quema el clima, maldigo a mi madre y a mi abuela, converso días enteros con mi cacatúa, pago por mensualidades un elefante. Los días me caen en la cabeza como palos, no escribo, no leo, vestido de blanco y con casco de corcho, auténtico fantasma, mis deseos están influenciados por la tempestad y las limonadas». Mientras la inactividad le sume en el más completo estupor, sólo encuentra distracción en la bebida y en la compa-

Kilómetros de novelas inglesas

En Colombo conoció Neruda a dos amigos ingleses que le ayudaron a salir de su reconcentrada soledad y sacudirse su agotamiento. El primero de ellos fue el escritor Andrew Boyd, que le acercó a las obras de William Blake (posteriormente traducido por Neruda al español) y T.S. Eliot, un autor que influirá notablemente en su obra. Respecto al «pianista, fotógrafo, crítico y cinematografista» Lionel Wendt, su segundo amigo inglés, Neruda cuenta en sus memorias que poseía una gran biblioteca y recibía los últimos libros de Inglaterra, y que «tomó la extravagante y buena costumbre de mandar a mi casa, situada lejos de la ciudad, un ciclista cargado con un saco de libros cada semana». Gracias a Wendt el poeta leyó «kilómetros de novelas inglesas» y conoció en profundidad las obras de D.H. Lawrence. Pero, a juicio de Neruda, el autor de *El amante de lady Chatterley*, a pesar de su genio, «sienta una cátedra de educación sexual que tiene poco que ver con nuestro espontáneo aprendizaje de la vida y del amor».

ñía de su compañero Hinojosa. Todo lo demás le resulta insoportable: «A mí me roe el sueño, la fatiga, el calor. No hago más cartas, no más versos, tengo humo en el corazón».

Afortunadamente su situación mejorará a finales de 1928, cuando sea destinado a Ceilán. El sueldo de cónsul honorario sigue siendo escaso, pero el poeta logra reunir sus escasas energías para dedicarse a la composición de un libro que llevará por título *Residencia en la tierra*. En una carta enviada desde Colombo (capital de Ceilán), Neruda lo describe como «un montón de versos de gran monotonía, casi rituales, con misterio y dolores como los hacían los viejos poetas. Es algo muy uniforme, como una sola cosa comenzada, como eternamente ensayada sin éxito».

De hecho, la principal preocupación de Neruda durante este período fue encontrar padrinos influyentes que consiguieran su traslado a Europa y realizaran gestiones para la publicación de su nueva obra, a ser posible en España. A fin de lograr lo primero, solicitó ayuda al escritor y crítico Alfonso Reyes, embajador de México en Buenos Aires, pero desgraciadamente su colaboración no dio los frutos deseados. Respecto a la aparición de su libro, recurrió al poeta Rafael Alberti, quien inició laboriosos contactos para dar a conocer en Madrid *Residencia en la tierra*.

A mediados de 1930 Neruda es nombrado cónsul de la isla de Java y se traslada a su capital, Batavia (que años después, en 1949, cambiará su nombre por el de Yakarta). En sus cartas se percibe que comienza a aclimatarse a la vida en Oriente: su ánimo no está tan decaído, lee mucho y continúa trabajando en sus versos. Además, en estas misivas relata por primera vez asuntos íntimos, episodios de su vida sentimental y lances amorosos que le han acontecido desde su llegada a Rangún. El más curioso de ellos es el que se refiere a la misteriosa Josie Bliss, la «pantera birmana».

Entre la pasión y el matrimonio

De esta exótica mujer, cuyo verdadero nombre birmano es desconocido, cuenta Pablo Neruda que se vestía a la inglesa, pero que en la intimidad de su casa se despojaba de aquellas prendas para usar un deslumbrante *sarong*. Josie Bliss, que poseía un carácter temperamental y apasionado, era terriblemente celosa: «A veces me despertó una luz, un fantasma que se movía detrás del mosquitero. Era ella, vestida de blanco, blandiendo su largo y afilado cuchillo indígena. Era ella paseando horas enteras alrededor de mi cama sin decidirse a matarme. «Cuando te mueras se acabarán mis temores», me decía. «Al día siguiente celebraba misteriosos ritos en resguardo de mi fidelidad».

Cuando Neruda supo que le habían trasladado a Ceilán, decidió marcharse en secreto. Un día salió de casa y tomó el barco, dejando su ropa y sus libros para que ella no sospechase

nada. Pero una vez instalado en su nuevo destino, «inesperada-
mente, mi amor birmano, la torrencial Josie Bliss» apareció de
nuevo. El drama de los celos recomenzó. La posesiva amante se
dedicó a insultar y agredir con su cuchillo a los visitantes de
Neruda, e incluso amenazó a éste con incendiar su domicilio.
No sabemos cómo consiguió el poeta convencerla de que regre-
sara a su país, pero lo cierto es que Josie Bliss tomó por fin
el barco rumbo a Rangún,
después de una conmovedora
despedida en la que hubo
abundantes lágrimas.

Sin duda, esta relación
volcánica indujo a Neruda a
pensar en la posibilidad de

**Neruda no encontró
en su primera esposa la
intensidad
amorosa que buscaba**

casarse. No deseaba continuar solo en aquella especie de
destierro oriental, que le parecía interminable. Por eso,
cuando abandonó Ceilán y pasó a residir en Batavia, se
hallaba dispuesto a encontrar rápidamente una nueva compañera. Ésta fue María Antonieta Haagenar Vogelzanz, una
joven de origen holandés que no hablaba español y consideraba un honor casarse con un cónsul, aunque fuese pobre.
Neruda, que la llamará Maruca, contrajo matrimonio con
ella el 6 de diciembre de 1930, y durante el tiempo que permanecieron juntos la convivencia fue buena. Sin embargo, el
poeta no encontró en la paz de aquella precipitada unión la
intensidad amorosa que buscaba. De hecho, años después,
en un poema de su obra *Estravagario*, se preguntará: «Por
qué me casé en Batavia?». La pregunta queda sin respuesta,
pero el silencio es elocuente.

Por fin, el regreso

Después de ocupar durante varios meses los consulados de
Batavia y Singapur, Neruda recibió a principios de 1932 el

ansiado telegrama que le enviaba de vuelta a Chile. Junto a su esposa, subió en un buque de carga que durante dos meses surcó el Océano Índico y el Atlántico sur, cruzó el estrecho de Magallanes y fondeó en Puerto Montt. Al desembarcar llevaba consigo el original de *Residencia en la tierra*, del que Rafael Alberti sólo había logrado que apareciesen algunos fragmentos en la *Revista de Occidente*.

De nuevo en la casa familiar de Temuco, Neruda comprobó que las desavenencias con su padre continuaban y que Maruca no era bien recibida. Puesto que su situación económica era mala, se resignó a aceptar un sueldo minúsculo en una biblioteca pública. Al mismo tiempo inició desde Santiago las gestiones para la publicación de su libro, que por fin, en abril de 1933, salió de la imprenta en una edición de lujo de sólo 100 ejemplares.

Neruda no había sido olvidado en Chile. Su prestigio era, si cabe, superior al que tenía antes de partir hacia Rangún, y los *Veinte poemas de amor y una canción desesperada* continuaban siendo leídos y reeditados. El poeta autorizó también la impresión de *El hondero entusiasta*, escrito diez años antes, y el libro fue magníficamente recibido por el público, que le consideraba ya uno de los primeros poetas chilenos vivos. Probablemente, su celebridad hizo que inmediatamente se le buscara un nuevo destino diplomático, y en verano de 1933 fue enviado al consulado de Buenos Aires. Allí entabló contacto con numerosos escritores argentinos, pero sobre todo tuvo lugar un encuentro que marcó su existencia y su destino: el inicio de su amistad con Federico García Lorca.

La visión de la sangre derramada

El encuentro con Federico García Lorca fue el mejor estímulo para viajar a España, cosa que Neruda anhelaba. Por

Pablo y Federico

Neruda conoció a Lorca en octubre de 1933, cuando el poeta granadino se encontraba en Buenos Aires para asistir al estreno americano de Bodas de sangre. La brillante personalidad de Federico le deslumbró, y rápidamente surgió entre ambos una profunda amistad. Es famosa la conferencia que ambos dieron al alimón ese mismo año en el Pen Club argentino, dándose la palabra uno a otro y elogiando la figura de Rubén Darío. El encuentro entre Neruda y Lorca simboliza la influencia y la admiración recíprocas que durante los siguientes años uniría a los poetas americanos y españoles. La actitud abierta de Neruda también promovió la corriente de solidaridad –encarnada por el poeta chileno– que se despertaría en los países latinoamericanos durante el estallido de la Guerra Civil española. Entusiasmado por el carácter risueño de Lorca, Neruda dijo de él que la felicidad era su piel. Su fulgurante relación sólo se vio truncada con el fusilamiento de Federico el 19 de julio de 1936.

17 / 4 / 23

fin, en 1934 fue nombrado cónsul de Barcelona, y allí se trasladó con su esposa, Maruca, en abril de ese mismo año.

La República española había sido instaurada tres años antes, y una nueva generación de talentos poéticos brillaba con fuerza al calor de la libertad recién estrenada.

En España fue acogido fraternalmente por Lorca y Alberti, que le abrieron las puertas del rico mundo intelectual republicano. Aunque su destino estaba en la capital catalana, Neruda se instaló pronto en Madrid, en una casa del barrio de Argüelles que llamará «la casa de las flores». Inmediatamente, trabó amistad con un grupo de artistas entre los que se encontraban el escultor Alberto Sánchez, el arquitecto Luis Lacasa, la pintora Maruja Mallo y, por supuesto, poetas como Manuel Altolaguirre, Vicente Aleixandre y José Bergamín, que le invitó a escribir en la revista que dirigía, *Cruz y Raya*. El reconocimiento que obtuvieron su figura y su trabajo culminó con la aparición, en octubre de 1935, de *Residencia en la tierra*, una obra unánimemente alabada.

Aunque para Neruda aquellos años fueron intensos y felices, su espíritu inconformista no dejó de resultar polémico. Muchos de los poetas españoles, y en especial los de la Generación del 27, eran amigos suyos, pero discrepaba públicamente de su manera de entender la poesía. Neruda criticaba los versos basados en el frío intelectualismo de la poesía pura, representada por Juan Ramón Jiménez, denostaba determinadas modas vanguardistas como el ultraísmo y atacaba también el afrancesamiento de autores como su compatriota Vicente Huidobro.

Frente a estas tendencias, que consideraba estériles, Neruda proponía un programa basado en una poesía valerosa,

El magisterio político de Rafael Alberti

Antes de viajar a España, Neruda había escrito: «En realidad, políticamente, no se puede ser ahora sino comunista o anticomunista. Las demás doctrinas se han ido desmoronando y cayendo». Una vez en Madrid, Rafael Alberti le hará reafirmarse en estas ideas. Alberti era en 1934 un poeta admirado por sus obras, sobre todo por el precoz *Marinero en tierra*, que había obtenido el Premio Nacional de Literatura diez años antes. Desde 1929, el poeta español se caracterizaba por su compromiso político, que desarrollaba desde las filas del Partido Comunista. Para él, la poesía era una forma de cambiar el mundo, un arma imprescindible para el combate. El credo popular y revolucionario de Alberti influyó decisivamente en Neruda y le hizo ver la necesidad de cultivar una poesía sencilla y solidaria, inteligible para los humildes.

apasionada y popular, que no temiese caer en el mal gusto y se comprometiese con las luchas de los trabajadores: «Una poesía impura, como un traje, como un cuerpo, con manchas de nutrición, y actividades vergonzosas, con arrugas, observaciones, sueños, vigilias, profecías, declaraciones de amor y odio, bestias, sacudidas, idilios, creencias políticas, negaciones, dudas, afirmaciones, impuestos». Como reacción ante esta postura, Juan Ramón Jiménez calificó a Neruda de «un gran mal poeta, un gran poeta de la des-organización». Paralelamente, Huidobro hizo circular un fo-lleto en el que se recordaba que el autor chileno había sido acusado a propósito de uno de los *Veinte poemas de*

Pablo Neruda conoció a Delia del Carril en 1934, cuando todavía estaba casado con Maria Antonieta Haagenar. Delia comprendió al poeta mucho mejor que su esposa, entre otras cosas porque su sensibilidad literaria era muy superior.

amor y una canción desesperada. Neruda contestó desde la revista *Caballo verde para la poesía* (dirigida por él mismo), atacando a sus detractores. En suma, la controversia, tan acerba como fecunda, continuó a través de declaraciones, homenajes y publicaciones. Por desgracia, un hecho trágico iba a truncar de raíz este toma y daca: la Guerra Civil española.

Un pueblo sacrificado

El estallido de la Guerra Civil en julio de 1936 conmocionó extraordinariamente a Neruda. Su entrañable amigo Fede-

De Maruca a Delia

Malva Marina, hija de Pablo Neruda y María Antonieta Haagenar (Maruca), había nacido en Madrid en 1934. A pesar de su recién estrenada condición de padre, las relaciones del poeta con Maruca, que nunca fueron profundas, se habían enfriado considerablemente. Además, ese año el poeta conoció a Delia del Carril, viuda del escritor argentino Ricardo Güiraldes, por la que sintió una irrefrenable atracción.

Delia era una mujer mayor que Neruda, sensible e inteligente, capaz de comprender al poeta mucho mejor que Maruca, cuyos conocimientos literarios eran inexistentes. En esta nueva compañera iba a encontrar Neruda la experiencia necesaria para alcanzar plenamente su madurez poética.

En *Confieso que he vivido*, Neruda habla de la «pasajera suavísima, hilo de acero y miel que ató mis manos en los años sonoros».

En 1936 Neruda se separó definitivamente de María Antonieta Haagenar, quien viajó con Malva Marina hacia Holanda. Neruda no volvió a ver a su hija, fallecida en Holanda en 1942, a los ocho años de edad.

rico García Lorca era fusilado en Granada y el poeta Miguel Hernández, al que había apadrinado en la revista Caballo verde, iba a ser encarcelado más tarde. Veía a sus amigos asesinados, prisioneros o exiliados, y todas sus energías se pusieron al servicio de la izquierda española. De las numerosas actividades que Neruda desarrolló en favor de la República, destaca la fundación, con César Vallejo, del Grupo Hispanoamericano de Ayuda a España. Madrid, París y Valencia fueron los escenarios de su lucha incansable, pero tal compromiso le valió la destitución del cargo consular. En consecuencia, tuvo que regresar obligatoriamente a Chile.

El novelista ruso Ilya Ehrenburg ha contado que Neruda escribió su primer libro comprometido, *España en el corazón*, en el barco que le devolvía a su patria, y lo ha descrito como un texto «lleno de cólera y de admiración, cuyas poesías no son de un espectador, sino de un soldado». En efecto, Neruda se inspiró en el sacrificio del pueblo español, alzado en defensa de su libertad, para crear una poesía de combate que servirá de modelo a los resistentes de todo el mundo cuando la Segunda Guerra Mundial está a punto comenzar. Los versos finales del libro manifiestan dramáticamente la nueva postura del poeta:

Preguntaréis por qué su poesía
no nos habla del sueño, de las hojas,
de los grandes volcanes de su país natal?

Venid a ver la sangre por las calles,
venid a ver
la sangre por las calles,
venid a ver la sangre
por las calles!

La vida y la obra de Neruda dieron un giro radical a raíz de la experiencia de la Guerra Civil española. La dimensión de su figura pública se agigantará a medida que se entregue a la lucha política. Mientras sus libros se reeditan en Chile, contribuyendo al vertiginoso aumento de la fama de Neruda, el poeta da conferencias por todo el país y aprende a hablar a las gentes del pueblo. Para hacerse entender busca un lenguaje sencillo, comprensible, que llegue a los hombres olvidados por la poesía y pulse las cuerdas profundas de la emoción y la fraternidad.

La muerte de su padre en mayo de 1938, y de Mamadre tres meses después, conlleva la ruptura definitiva con la lluviosa infancia de Temuco así como también con su pasado solitario e individualista. A partir de entonces nacerá un nuevo poeta que ha descubierto su condición de cronista, de recitador que narra oralmente la historia común y puede despertar en el corazón de quien le escucha el sentido y el sentimiento de la solidaridad. El mismo día en que moría su padre comenzó a escribir *Canto general de Chile,* que no tardará en convertirse en el *Canto general* de toda América.

El cantor de América

Al tiempo que componía *Canto general* en su refugio de Isla Negra, Neruda afrontaba sus numerosos deberes culturales y políticos. Además de fundar la revista literaria *Aurora de Chile,* apoyó activamente a Pedro Aguirre Cerda, candidato del Frente Popular Chileno en las elecciones presidenciales. Cuando Aguirre obtuvo la victoria, Neruda le pidió ayuda

Isla Negra

Al sur de Valparaíso y al borde del mar, en un lugar llamado Isla Negra, Neruda encontró una casa de piedra que un viejo socialista español estaba construyendo para su familia. El hombre quiso vendérsela, y el poeta la adquirió con ayuda de sus editores. Aunque Isla Negra empezó siendo un lugar de trabajo alejado del mundo, acabó convirtiéndose en su refugio preferido.

Neruda llenó la casa de objetos curiosos, entre los que destacaba una colección de mascarones de proa femeninos. Algunos de sus muebles procedían de barcos naufragados cuyos restos habían sido arrastrados por el mar hasta la playa. Ya en vida del poeta, Isla Negra se convirtió en un lugar de peregrinación para sus admiradores.

Después de su muerte fue devastada por desconocidos, pero luego se recuperó su contenido y actualmente es un monumento nacional de Chile. Situada en tierra firme, posee una torre circular y un amplio ventanal frente al cual las olas del océano Pacífico rompen contra la playa.

Neruda, junto a uno de sus amigos, Acario Cotapos, en el refugio predilecto del poeta: la casa de Isla Negra.

para los republicanos españoles que huían de su patria en guerra. Después, en abril de 1939 fue enviado a París como cónsul para la emigración española. Desde su nuevo cargo realizó laboriosas gestiones y consiguió que miles de exiliados viajasen rumbo a Chile en el barco «Winipeg». Se trataba de un extraordinario movimiento de auxilio que Neruda impulsaba en sus ardientes discursos. La consigna era clara: «Que no se oigan en estos meses de angustia, y sobre España, sino estas palabras: españoles a América, españoles a las tierras que ellos entregaron al mundo».

Mientras, la creación de *Canto general* exigía un conocimiento más cercano y profundo del continente americano, por lo que Neruda se volcó a principios de la década siguiente a visitar los países de su entorno, cuyos pueblos iban a ser los protagonistas de su obra. En agosto de 1940 llegó a México, donde había sido nombrado cónsul. Allí permaneció tres años desplegando una intensa actividad política, pero su estancia no estuvo exenta de

Pablo Neruda, con su amigo Diego Rivera, en una imagen de 1942. Rivera fue uno de los autores de las guardas ilustradas de la primera edición de *Canto general* .

problemas. De una forma un tanto irregular, consiguió enviar a Chile al pintor David Alfaro Siqueiros, que estaba encarcelado por el intento de asesinato de Trotsky, lo que le valió ser suspendido de sus funciones durante dos meses. Posteriormente, acusó a los poetas mexicanos de practicar un arte formalista y desconectado de la realidad social, comentario que recibió duras críticas. Por último, en diciembre de 1941 fue agredido por un grupo de nazis en Cuernavaca, ataque que suscitó la respuesta solidaria de numerosos intelectuales.

Paralelamente, Neruda visitó Guatemala, donde pudo recorrer la selva de Chiapas y conocer a Miguel Ángel Asturias. En 1942 realizó su primer viaje a Cuba y al año siguiente se trasladaría a Estados Unidos para asistir a un recital colectivo en Nueva York. Asimismo, tras despedirse del consulado de México, pasó por Panamá, Colombia y Perú.

En todos estos países el poeta se impregnó de los elementos tradicionales e históricos que necesitaba para culminar su vasta obra épica, que iba a constar de más de quince mil versos. Y en todos ellos defendió la necesidad de una poesía social, comprometida con el sufrimiento de unas víctimas que, durante esos años, aumentaron alarmantemente de número en Europa por culpa del conflicto mundial. Neruda retornó a Chile en noviembre de 1943 y fue recibido como un héroe popular. Se sucedieron los homenajes, los actos de adhesión, los discursos y los galardones. Fueron unos meses triunfales y multitudinarios en los que Neruda actuó, más que como un poeta, como un militante. Este comportamiento culminará en 1945, cuando participe en la campaña electoral junto al líder comunista Elías Lafferte y sea elegido senador por las provincias norteñas de Tarapacá y Antofagasta.

El ombligo de piedra

En Perú, Neruda visitó Cuzco y el Machu Picchu. Este último lugar le inspiró uno de los episodios fundamentales de su *Canto general*, al que dio el título de *Alturas de Macchu Picchu* (el poeta añadió una «c» a Machu para que las doce letras de la ciudad de los incas se correspondieran con los doce cantos de la sección):

Sube conmigo, amor americano.
Besa conmigo las piedras secretas.
La plata torrencial del Urubamba
hace volar el polen a su copa amarilla.

Impresionado por las ruinas de aquella fabulosa civilización, escribió en sus memorias: «Me sentí infinitamente pequeño en el centro de aquel ombligo de piedra, ombligo de un mundo deshabitado, mundo orgulloso y eminente, al que de algún modo yo pertenecía. Sentí que yo mismo había trabajado allí en alguna etapa lejana cavando surcos, alisando peñascos. Me sentí chileno, peruano, americano».

Sin embargo, cuando un amigo que le acompañaba le preguntó lo que sentía, esperando oír una declaración grandilocuente, Neruda se limitó a responder irónicamente: «¡Qué lugar para comer un asado de cordero!».

Héroe de medio mundo

En su primera alocución como senador, Neruda deja clara cuál va a ser su posición ideológica: «Los escritores cuyas estatuas sirven después de su muerte para tan excelentes discursos de inauguración y tan alegres romerías, han vivido el injusto desorden del capitalismo». Nadie se sorprenderá cuando en julio de 1945, dos meses después de recibir el Premio Nacional de Literatura, se afilie al Partido Comunista Chileno. A partir de ese momento, su actividad como personaje público consistirá en ejercer un proselitismo directo en favor de sus convicciones.

La poesía de Neruda se resintió de la adscripción del poeta al comunismo

Para las siguientes elecciones presidenciales, Neruda aceptó dirigir el Comité Nacional de Propaganda que promovía la candidatura de Gabriel González Videla. La victoria de éste, en septiembre de 1946, supuso la participación de los comunistas en el gobierno, un hecho insólito en el continente americano. La misión que se había impuesto el poeta parecía culminar, al menos por el momento, en el ámbito político de su país. Fue entonces cuando el partido le otorgó una licencia de un año en sus deberes como militante, con el fin de que pudiera terminar su vasta obra poética, el *Canto general*. Recluido en Isla Negra, Neruda trabajó sin desmayo, retomando la tensión creadora que, momentáneamente, había abandonado para afrontar sus tareas políticas. También fueron publicadas, con el título de *Tercera residencia*, las composiciones realizadas desde 1933, incluida *España en el corazón*. Daba la impresión de que una nueva y fecunda etapa de sosiego comenzaba, tras las duras jornadas de lucha en las que se había batido con los astutos gobernantes de su país. Pero la situación estaba a pun-

[handwritten annotation in top margin: arrastrar: 1 mover a una persona o cosa de forma que roce el suelo u otra superficie. 2 llevar [una persona o una cosa] a otra tras de sí, tirando de ella]

to de cambiar bruscamente, y el poeta se vio arrastrado de nuevo hacia el ojo del huracán.

Persecución y clandestinidad

A mediados de 1947, González Videla modificó radicalmente su política: obligó a renunciar a los ministros comunistas de su gobierno, estableció la censura sobre la prensa y se enfrentó a la URSS. Neruda abandonó su refugio de Isla Negra y en un discurso titulado «Yo acuso» denunció al presidente por incumplir sus promesas con la izquierda, llamándole traidor. González Videla contraatacó levantando la inmunidad parlamentaria de Neruda y ordenando su detención inmediata.

El poeta se vio obligado a ocultarse de la persecución policial y pasar a la clandestinidad. Muchos amigos y camaradas de partido le auxiliaron en su huida, al tiempo que en diversos países se celebraban actos en su honor, exigiendo a las autoridades chilenas que cesaran de acosarle. El paradero de Neruda fue una incógnita durante varios meses. Unos afirmaban que se había fugado del país, mientras que para otros estaba escondido en algún lugar remoto de Chile, a salvo de sus enemigos.

Neruda, pronunciando el discurso «Yo acuso» en el Senado chileno. El poeta tuvo que esconderse de las autoridades de su país debido a sus opiniones políticas.

Punto final en secreto

En los últimos versos de *Canto general*, Neruda indicó dónde y cuándo había terminado su obra, pero enmascaró algunos datos para no dejar pistas a los agentes gubernamentales que le buscaban:

*Así termina este libro, aquí dejo
mi Canto general escrito
en la persecución, cantando bajo
las alas clandestinas de mi patria.
Hoy 5 de febrero, en este año
de 1949, en Chile, en «Godomar
de Chena», algunos meses antes
de los cuarenta y cinco años de mi edad.*

De esta estrofa cabe deducir que concluyó el libro en Santa Ana de Chena, en la casa de Julio Vega, uno de sus protectores. No obstante, empleó el nombre de Godomar, que era uno de los apellidos de don Julio, a fin de no indicar la localización exacta. Diecinueve días después, salió de Chile rumbo a Argentina, cruzando a clandestinamente la cordillera de los Andes.

Neruda no abandonó Chile hasta el 24 de febrero de 1949, una vez acabado su *Canto general*. Oculto por una espesa barba, recorriendo a caballo antiguos pasos utilizados por contrabandistas, el poeta atravesó la selva virgen de las montañas andinas junto a varios compañeros. Iba a al encuentro de una libertad ansiada que le mantendría más de tres años alejado de su patria.

La primera edición de *Canto general* apareció en México, en abril de 1950, con guardas ilustradas por Diego Rivera y David Alfaro Siqueiros. El lanzamiento editorial fue extraordinario y el libro se agotó rápidamente. Los lectores latinoamericanos devoraron este monumental texto del que eran protagonistas las tierras y los pueblos del continente.

En él, Neruda elogiaba a los artistas y los artesanos, y denunciaba a aquellos que consideraba que habían pecado de traición, entre ellos el presidente González Videla.

En Chile circularon ediciones clandestinas y los fragmentos más provocadores del libro pasaban de mano en mano. La figura de Neruda se agigantaba en la distancia. El poeta había sido nombrado miembro del Consejo Mundial de la Paz y, constantemente, viajaba por la mayor parte de los países del bloque comunista: la URSS, Polonia, Checoslovaquia, Rumanía, Alemania Oriental, Hungría, etc. También residió en Francia (1951) e Italia (1952), aunque en ambos lugares se le amenazó repetidamente con una posible expulsión.

La estancia de Neruda en el país transalpino inspiró a Michael Radford y Massimo Troisi la deliciosa película *El cartero* (*y Pablo Neruda*), basada en la novela *Ardiente paciencia*, del escritor Antonio Skármeta, y estrenada en 1995. Allí donde estuvo, el poeta ofreció testimonio de su lucha, recibiendo el calor de sus correligionarios y las acerbas críticas de quienes no comulgaban con sus ideas.

Neruda vivió como un auténtico aventurero durante su etapa de clandestinidad. El poeta atravesó a caballo la selva vírgen de las montañas andinas con el fin de escapar de su propio país.

La misión social del cine

Neruda manifestó sus opiniones sobre el cine a raíz de su asistencia, en 1951, al Festival Cinematográfico de Karlovy Vary. A su juicio, la industria capitalista había creado el cine de Hollywood como un producto comercial destinado a subyugar a las masas. Por ello, el auténtico pueblo estaba ausente de las películas norteamericanas. Neruda sólo «salvaba» a genios como Chaplin, que en algunos de sus filmes conseguía trascender esos límites. Por supuesto, consideraba que directores soviéticos como Serge Eisenstein, autor de *El acorazado Potemkin* (1925), habían puesto los cimientos de una cinematografía capaz de cumplir con su misión social: «Cuando los cañones del acorazado Potemkin dispararon sin sonido aún desde la tela blanca, aquellos disparos fueron en el corazón de muchos hombres las salvas de una aurora».

Siete asteriscos

El gobierno chileno continuó la persecución de Neruda por diversos medios. Uno de ellos consistió en acusarle de bigamia, intentando demostrar que se había casado en México con Delia del Carril sin divorciarse de María Antonieta Haagenar. En realidad el divorcio sí se había producido, por lo que el proceso judicial acabó siendo archivado. Pero en la vida privada del poeta estas dos mujeres habían pasado a un segundo plano, pues en los años de destierro era Matilde Urrutia quien ocupaba en exclusiva su corazón.

Con Matilde, que acabó siendo su compañera hasta el fin de sus días, Neruda mantuvo encuentros secretos en Capri en 1951. Como deseaba ser leal con Delia y no hacerle daño revelándole esta nueva relación, los apasionados poemas que escribió para ella en Italia fueron publicados en Nápoles de forma anónima, bajo el título de *Los versos del capitán*. En ellos evoca la atmósfera sensual que rodeaba sus citas con Matilde:

Tus rodillas, tus senos,
tu cintura
faltan en mí como el hueco
de una tierra sedienta
de la que desprendieron
una forma
y juntos
somos completos como un solo río
como una sola arena.

Poco después, en 1953, aparecerá *Todo el amor*, un libro en el que se reunía la totalidad de su poesía amorosa hasta el momento. El volumen lleva una dedicatoria en la que aparecen siete asteriscos, correspondientes a las siete letras del nombre de Matilde. Por aquel entonces, Neruda no quería desvelar la identidad de la mujer a la que amaba, pues estaba iniciando los trámites de separación con Delia del Carril, de la que no se divorciaría hasta 1955.

En *Confieso que he vivido*, sus memorias póstumas, el poeta dedicará a Matilde Urrutia un hermoso pasaje: «De la tierra, con pies y manos y ojos y voz, trajo para mí todas las raíces, todas las flores, todos los frutos fragantes de la dicha».

Apoteosis del poeta

En 1952 regresó al poder el general Ibáñez del Campo, elegido con el apoyo de la derecha nacionalista, pero también del partido comunista. Revocada la orden de detención contra Neruda, éste volvió a Chile en agosto de ese año. Su retorno a la patria fue de nuevo apoteósico. Rodeado del entusiasmo de las masas, protagonizó decenas de homenajes (se convocaron cientos de actos en su honor), concedió numerosas entrevistas y fue ensalzado en periódicos y revistas. El poeta se había convertido definitivamente en una figura internacional, pero su aura de prestigio no le impedía aproximarse al pueblo llano y codearse con las gentes sencillas, que eran las destinatarias últimas de sus versos.

En uno de los muchos discursos pronunciados en aquel período, Neruda afirmó: «Yo confieso que escribir sencillamente ha sido mi más difícil empeño». En efecto, sus puntos de vista estéticos habían cambiado de nuevo, e intentaban reflejar directamente las tesis del realismo socialista. Claro está que el poeta no acató estas normas de una manera mecánica, sino desbordándolas al poner en sus creaciones todo el talento que le caracterizaba. La búsqueda de un lenguaje simple y común quedó reflejada en los libros escritos a partir de *Las uvas y el viento* (1954), y especialmente en los diversos volúmenes de *Odas elementales*, publicados entre 1954 y 1956.

Personajes importantes del entorno del poeta en los años 50: Delia del Carril, Tomás Lago, Diego Rivera y otros amigos de Neruda.

Ya en *Canto general* era patente una tendencia deliberada hacia lo prosaico, originada en la necesidad de hacer comprensible el mensaje poético. Los versos de *Odas elementales* son ágiles y escuetos y están dedicados a cantar realidades cotidianas, desde la alcachofa hasta el calcetín, pasando por el hígado, la madera o el cerebro. Las cosas de menor importancia captan la atención del poeta, que construye así un mundo benigno y esperanzado en el que todo cabe. Por contra, en *Estravagario* (1958), uno de los libros más personales de su última etapa, Neruda crea a

Neruda «superstar»

En sus conferencias y lecturas públicas, Neruda provocaba el entusiasmo de los asistentes, que siempre llenaban el local. Con voz pausada, que él mismo definió como «monótona, propia de los hombres del sur que han escuchado caer largamente la lluvia», iba desgranando los versos en una atmósfera de hipnosis colectiva, mientras su cuerpo voluminoso y sus lentos movimientos se engrandecían bajo los focos.

Al terminar se desataba la emoción contenida: sus admiradores le rodeaban como si fuera un actor que hubiera finalizado su más brillante interpretación, le pedían autógrafos, querían saludar a su ídolo, tocarle, sentir su proximidad. Muchas veces conseguía salir del recinto a duras penas, acosado por una marea de devotos que no querían dejarle marchar. Paralelamente, en la calle se producían manifestaciones espontáneas: se oían gritos de «¡Viva Pablo Neruda, el poeta de Chile!», que pronto se transformaban en consignas políticas: «¡Chile sí, yanquis no!». Para arrancar al poeta de aquel oleaje exaltado, los compañeros de partido que siempre acompañaban a Neruda, tenían que embutirlo en un automóvil y llevárselo a toda velocidad con las ventanillas cerradas, en medio de una polvoreda.

partir del humor y la independencia, y se aleja de todo dogmatismo. Sin duda es un texto de aspiraciones populistas, pero el ingenio, la clarividencia y la visión madura del autor enriquecen sus páginas. En 1959 aparecieron *Navegaciones y regresos* y *Cien sonetos de amor*, y al año siguiente, *Canción de gesta*, un texto épico inspirado por el triunfo de la revolución cubana.

La larga marcha hacia el Nobel

Desde el punto de vista político, Neruda continuó fiel a sus convicciones a pesar de que, tras la muerte de Stalin, muchos intelectuales europeos y americanos se habían distanciado de la Unión Soviética al conocerse los crímenes del dictador, ya denunciados por su sucesor, Nikita Jruschov. El poeta nunca discrepó públicamente de la ortodoxia de su partido, ni siquiera cuando en 1956 los tanques rusos intervinieron en Hungría. Por el contrario, elogiaba la línea seguida por los dirigentes soviéticos, que, en su opinión, obraban siempre por el bien de su pueblo. Esta mezcla de ingenuidad y terquedad irritaba a sus enemigos, que no cesaron de atacarle ferozmente.

Su militancia comunista y sus posiciones antinorteamericanas le cerraron la puerta de los Estados Unidos durante mucho tiempo. No obstante, durante la década de los '60, sus relaciones con el mundo anglosajón mejoraron notablemente, hasta el punto de que la Universidad de Yale le otorgó un importante título honorífico (que no recogió por carecer de visado) y la Universidad de Oxford le nombró doctor *honoris causa* en 1965.

Durante estos años, el nombre de Pablo Neruda empezó a sonar entre los expertos cada vez que debía elegirse candidato para el Premio Nobel de Literatura. A pesar de sus numerosos detractores, la talla poética de Neruda crecía a medida que su trayectoria era objeto de

Durante los últimos años de su vida, el icono de Neruda siempre se asoció a las gorras que solía lucir en público.

estudio y pasaba a ser juzgada desde una perspectiva exclusivamente literaria, exenta de prejuicios ideológicos.

Dos hechos importantes contribuyeron a que su figura y su obra se conociesen con mayor profundidad. El primero de ellos fue la publicación de dos textos autobiográficos: *Las vidas del poeta. Recuerdos y memorias de Pablo Neruda*, que apareció en 1962 en la revista brasileña *O Cruzeiro Internacional* (a partir de este material, el poeta elaboró su volumen póstumo, *Confieso*

> **A partir de 1964, Neruda se esforzó en encontrar un refugio donde escribir en paz**

que he vivido); y *Memorial de Isla Negra* (5 tomos), dilatado relato en verso a través del cual Neruda cuenta importantes episodios de su peripecia personal.

Por otro lado, el simposio organizado en 1964 por la Biblioteca Nacional de Santiago de Chile, destinado a analizar ampliamente la obra de Neruda, también permitió conocer con más detalle la figura del poeta chileno. El simposio coincidió con el sesenta aniversario del autor.

Luces de otoño

La popularidad del poeta aumentaba al mismo tiempo que los expertos elogiaban la innegable calidad de sus creaciones, emitiendo dictámenes cada vez menos contaminados por la política. Pero Neruda se sentía acosado por tanta celebridad, y empezó a desear librarse de los interminables homenajes que le encadenaban a la escena pública. A partir de 1964, una de sus principales preocupaciones consistió en encontrar un refugio donde escribir en paz, acompañado solamente por la sombra protectora de Matilde Urrutia. La casa de Isla Negra, al igual que las demás moradas que se había ido construyendo a lo largo de su vida, parecían ahora una especie de museos en

Matilde Urrutia fue el gran amor de Neruda durante sus últimos años de vida. En esta imagen, Urrutia aparece en segundo plano tras el rostro del poeta.

torno a los cuales revoloteaban día y noche admiradores y curiosos.

Alejarse de la fama se convirtió en una necesidad. Neruda pasó a ser un hombre inaccesible excepto para sus amigos íntimos, los únicos que conocían su paradero. Oculto en su propia patria, consiguió escribir desde 1965 hasta su muerte más de una veintena de obras, de las que cerca de la mitad fueron publicadas póstumamente.

La admirable fecundidad de Neruda llevó a la imprenta libros como *Arte de pájaros* (1966), donde creó en verso una ornitología fantástica bautizando a las aves de su invención con un curioso latín macarrónico. Los poemas de *La Barcarola* (1967), por el contrario, no están inspirados por un caprichoso humorismo, sino que reflejan las diversas preocupaciones del poeta en función del devenir cotidiano.

Paralelamente, escribió una cantata dramática, *Fulgor y muerte de Joaquín Murieta*, dedicada al célebre bandido chileno de mediados del siglo XIX, cuya versión teatralizada, dirigida por Pedro Orthus, se estrenó en 1967. También cabe resaltar los volúmenes de versos, *Las manos del día* (1968), *Aún* (1969), *Fin del mundo* (1969) y, especialmente, *La espada encendida* (1970), un libro de resonancias bíblicas en el que cuenta la historia del primer hombre y la primera mujer.

Ceremonia en Estocolmo

En 1965, durante la reunión celebrada por el Pen Club Internacional en Bled (Yugoslavia), Neruda entabló amistad con el escritor estadounidense Arthur Miller, elegido en aquella ocasión presidente de dicha asociación. El Pen Club –cuyas siglas proceden de la primera letra de las palabras inglesas *poets*, *essayists* y *novelists* (poetas, ensayistas y novelistas), unión de la cual se deriva el término *pen* (pluma)– se proponía fomentar las relaciones entre los escritores por encima de las fronteras políticas e ideológicas. Siguiendo estos principios, Arthur Miller invitó a Neruda al siguiente congreso del club, que debía celebrarse en Nueva York. La propuesta fructificó, y el poeta chileno pudo viajar a Estados Unidos en 1966.

Neruda había visitado Nueva York por primera vez en 1943. Después de la guerra, a raíz de su notoriedad como militante de izquierdas y a la persecución anticomunista desatada por el

Algo más que un premio escolar

Aunque Neruda se declaró aburrido de que su nombre siempre apareciese en las quinielas anuales sobre el Nobel, como si él no fuera un poeta sino un caballo de carreras, reconoció que «todo escritor de este planeta llamado Tierra quiere alcanzar alguna vez el Premio Nobel, incluso los que no lo dicen y también los que lo niegan». Por eso, cuando el 13 de diciembre de 1971 el rey de Suecia le entregó solemnemente la medalla, el diploma y el cheque, comprendió que su carrera acababa de alcanzar su punto culminante. A pesar de todo, siempre mantuvo una actitud distante e irónica respecto al premio, y tras la ceremonia escribió que había encontrado «una risueña semejanza entre aquel desfile de eminentes laureados y un reparto de premios escolares en una pequeña ciudad de provincia».

Dos genios de la literatura latinoamericana: Gabriel García Márquez y Pablo Neruda. La foto fue tomada en Normandía (Francia) en 1971.

senador McCarthy, las autoridades estadounidenses habían impedido su regreso por evidentes razones políticas. Afortunadamente, en 1966 la ola de *macarthismo* comenzaba a remitir, y la invitación de Arthur Miller, cursada con el aval del Pen Club, no fue revocada.

En el congreso, al que no asistieron representantes soviéticos ni cubanos, la figura de Neruda despertó una gran corriente de simpatía y centró el interés de los medios de comunicación. Los recitales que dio en Nueva York, Washington y Berkeley fueron acogidos con entusiasmo, sobre todo por los jóvenes, que compartían sus críticas al imperialismo, a la guerra del Vietnam, a la CIA, a las multinacionales y a los políticos norteamericanos.

A partir de entonces, la consagración internacional de Neruda empezó a ser un hecho incuestionable. El punto culminante de esa trayectoria llegó el 21 de octubre de 1971, cuando recibió la noticia de que le había sido otorgado el Premio Nobel de Literatura. El poeta ha reflejado en sus memorias la expectación que se vivió durante los días anteriores, así como diversas anécdotas relacionadas con la concesión del premio y la ceremonia de entrega que tuvo lugar en Estocolmo. El máximo galardón que un escritor puede recibir hizo que su obra fuese traducida a numerosas lenguas y difundida por todos los rincones del planeta.

Las últimas tormentas

En el terreno político, Neruda continuó trabajando por el triunfo del marxismo en su país. En 1969, el Partido Comunista le designó candidato a la presidencia, pero tras unas rápidas negociaciones que dieron lugar a la Unidad Popular (agrupación de socialistas, radicales y comunistas) retiró su candidatura para apoyar a Salvador Allende Gossens, con quien ya había colaborado en las elecciones de 1958 y 1964.

Allende, que era médico y un brillante orador, procedía de una familia ilustre. Su programa preveía la nacionalización de la banca y las minas, una profunda reforma agraria y la reanudación de las relaciones diplomáticas con Fidel Castro. Neruda llegó a conocerle bien y entabló una profunda amistad con él, más allá de las circunstancias políticas que les unieron. Cuando en septiembre de 1970, Allende resultó vencedor, con escasa diferencia de votos respecto al conservador Jorge Alessandri, el poeta sintió que el pueblo de Chile tenía por fin a un auténtico líder, un hombre íntegro que iba a cumplir sus promesas con el fin de instaurar un régimen socialista.

El nuevo presidente nombró a Neruda embajador en Francia. Puesto que las compañías multinacionales y el gobierno estadounidense no habían podido impedir el triunfo de Allende, pusieron en marcha una serie de represalias econó-

El candidato incansable

En sus memorias, Neruda ofrece el retrato de un Allende infatigable y lleno de salud, capaz, durante la campaña presidencial, de dormir unos minutos en el automóvil en el que viajaban y despertarse lleno de vigor para arengar a las gentes humildes que le esperaban en cualquier rincón del país: «Enfrentándose a inmensas manifestaciones de miles y miles de chilenos; cambiando de automóvil a tren, de tren a avión, de avión a barco, de barco a caballo; Allende cumplió sin vacilar las jornadas de aquellos meses agotadores. Atrás se quedaban fatigados casi todos los miembros de su comitiva. Más tarde, ya presidente hecho y derecho de Chile, su implacable eficiencia causó entre sus colaboradores cuatro o cinco infartos».

micas contra Chile e incluso un plan para provocar un golpe de estado. Desde su puesto en París, Neruda se vio obligado a llevar a cabo fatigosas gestiones intentado vanamente desactivar ambas amenazas.

El cansancio acumulado afloró a principios de 1972, tras la recepción del Premio Nobel, cuando le fue diagnosticada una anemia aguda al tiempo que aparecían los primeros síntomas de un cáncer. Neruda se sometió a dos operaciones, pero pronto comprendió que debía renunciar a la embajada y regresar a su patria. Una vez en Santiago, donde fue recibido multitudinariamente en el Estadio Nacional, el poeta supo que tanto él como su país estaban luchando por la supervivencia.

Aún tuvo tiempo para trabajar en nuevos libros. Además de *Incitación al nixonicidio y alabanza de la revolución chilena*, un conjunto de versos panfletarios publicado en 1973, continuó completando varios volúmenes que verían la luz después de su muerte, como *La rosa separada, Jardín de invierno, El corazón amarillo, Libro de las preguntas, Defectos escogidos* y *El mar y las campanas*, todos ellos publicados en 1974.

La enfermedad avanzaba a pesar del riguroso tratamiento, que obligaba a Neruda a trasladarse frecuentemente desde Isla Negra a una clínica de Santiago. Allí se encontraba cuando las fuerzas armadas se levantaron contra Allende y le asesinaron en el propio palacio presidencial. Tres días después, tomado ya el poder por una junta militar de la que formaba parte el futuro presidente, Augusto Pinochet, el poeta añadió a sus memorias una trágicas líneas en las que ensalzaba al héroe caído: «Tenían que aprovechar una ocasión tan bella. Había que ametrallarlo porque jamás renunciaría a su cargo. Aquel cuerpo fue enterrado secretamente en un sitio cualquiera. Aquel cadáver que marchó a la sepultura acompañado por una sola mujer que llevaba en sí misma todo el dolor del mundo, aquella gloriosa figura muerta iba acribillada y despedazada por las balas de las ametralladoras de los soldados de Chile, que otra vez habían traicionado a Chile».

Fue su testamento político, que entregó a la posteridad junto con su inmenso legado de poeta. Neruda sólo sobrevivió doce días a la muerte de Allende. Falleció el 23 de septiembre de 1973, en la clínica

Neruda fue uno de los principales valedores de Salvador Allende, quien en esta fotografía aparece junto al poeta. Neruda murió pocos días después del golpe de estado que se produjo en Chile en 1973.

donde estaba siendo tratado contra el cáncer. Sus casas fueron asaltadas por desaprensivos ante la más absoluta indiferencia policial. En la residencia «La Chascona», que había construido para Matilde Urrutia, su cadáver fue velado por un pequeño grupo de amigos que consiguió burlar el cerco de los uniformados. Entre los últimos versos que escribió hay algunos que bien podrían servirle de epitafio:

La muerte cae
sobre la identidad y al fin descansan
no sólo las rodillas y las venas
sino este nombre nuestro
tan traído y llevado y escupido
como un pobre soldado
medio muerto entre el barro y la batalla.

El poeta cíclico

Dentro de la vasta producción de Pablo Neruda es posible
distinguir una serie de grandes episodios o períodos por los
que atravesó el poeta a lo largo de su trayectoria. Hablando de
su primer volumen, *Crepusculario*, indicó que desde entonces
se propuso «ser un poeta cíclico que pasara de la emoción o
de la visión de un momento a una unidad más amplia». En
este sentido, Neruda jamás se limitó a reunir composiciones
dispersas cuando deseaba publicar un libro, sino que afrontó
cada uno de sus textos de manera independiente, dotándolos
de tal coherencia y unidad interna que fuese posible diferen-
ciarlos de los demás.

Paralelamente, los principales enfoques que orientaron
su quehacer se mantuvieron e incluso fueron simultáneos, de
modo que es posible seguir la pista del poeta político en
determinados libros, mientras que en otros, escritos al mismo
tiempo, habla el poeta menos comprometido e intimista, ocu-
pado en profundizar en sí mismo y en encontrar las claves de
su propia vida por vías bien distintas. Neruda fue capaz,
especialmente a partir de la conclusión de *Canto general*, en
1949, de compaginar registros líricos muy diversos. Ello
explica que libros de concepción casi opuesta, como *Estravagario*, *Navegaciones y regresos* y *Cien sonetos de amor* se publi-
casen prácticamente a la vez, sembrando el desconcierto entre
sus críticos.

Neruda creaba con extraordinaria facilidad. Cada momento afectivo y cada vínculo intelectual quedaban plasmados casi inmediatamente en el papel, sin que ninguna otra ocupación pudiera distraerle de ese ejercicio permanente. Se ha dicho que el poeta parecía, en el mejor sentido del término, un grafómano. Habría que añadir que era, por supuesto, un coleccionista, y que del mismo modo que acumuló caracolas, libros y toda clase de objetos que llamaron su atención, también necesitaba acrecentar su obra con nuevos títulos, de manera insaciable. Ese deseo de expandirse constantemente fue uno de los motores de su actividad poética y le permitió llevar a cabo ambiciosos proyectos creativos, como el *Canto general*, que de otro modo hubieran quedado inconclusos.

Neruda afrontaba cada uno de sus textos de manera independiente

La extensión de la obra nerudiana no va en detrimento de su hondura. Es evidente que tan pasmosa fertilidad debía dar algunos frutos que no eran absolutamente necesarios. Pero nunca, ni siquiera en sus momentos de mayor entrega al realismo socialista (y a pesar de lo nefasto que supone para todo poeta seguir con fanatismo una doctrina política, sea cual fuere), su inspiración se agota o sus hallazgos resultan superficiales.

Por otro lado, es innegable que su dilatada carrera aparece hoy como un compendio de todas aquellas tendencias que la poesía latinoamericana ha conocido durante el siglo xx. Neruda condensa en su juventud los descubrimientos de la lírica erótica modernista, posteriormente explora con acierto el vanguardismo surrealista, se sumerge después en una poesía de denuncia social comprometida hasta la médula y no olvida la tarea de cantar a sus hermanos sudamericanos, convirtiéndose en el Whitman de la mitad menos opulenta del continente. Esta capacidad para seguir rumbos que apenas se insinúan e inaugurar nuevas sensibilidades ha hecho de él uno de los poetas en lengua española más imitados de todos los tiempos y un modelo para las generaciones posteriores.

Infancia y erotismo

En su etapa juvenil, que se prolongó hasta 1926, Pablo Neruda escribió cuatro volúmenes de versos (*Crepusculario, Veinte poemas de amor y una canción desesperada, Tentativa del hombre infinito y El hondero entusiasta*) y dos de prosa (*Anillos y El habitante y su esperanza*). Todos ellos son fruto de su trabajo anterior a los 22 años, y el autor siempre los consideró libros inmaduros, candorosos, dependientes de las influencias que experimentaba en aquel período de búsqueda constante. Sin embargo, los poemas contenidos en estos textos primerizos bastarían para cimentar el prestigio de cualquier otro escritor, y algunos de ellos se encuentran entre los más populares de toda su producción. *Crepusculario*, que abrió en 1923 la dilatada obra nerudiana, es el resultado de sus primeras lecturas. En los versos de esta obra, Neruda imita con acierto a sus antecesores –especialmente a Maurice Maeterlinck y Rubén Darío– a través de estrofas como ésta:

> *Mujer, yo hubiera sido tu hijo por beberte*
> *la leche de los senos como un manantial,*
> *por mirarte y sentirte a mi lado y tenerte*
> *en la risa de oro y la voz de cristal.*

La madre perdida, la infancia como ámbito de soledad y el mar inabarcable son las figuras predominantes de este libro de juventud. El poeta se ve a sí mismo como un niño abandonado que desea refugiarse en la mujer-tierra frente a la amenaza del océano embravecido, que la devora eróticamente:

La dentellada del mar muerde
la abierta pulpa de la costa.

Esta tensión erótica, que será un elemento constante en buena parte de la poesía de Neruda, se manifiesta con plenitud en el siguiente libro, *Veinte poemas de amor y una canción desesperada.* La herencia de las máximas figuras del modernismo latinoamericano, desde Leopoldo Lugones a Julio Herrera y Reissig, es recogida por el joven autor, que se inspira, asimismo, en la refinada sensualidad de poetisas como la uruguaya Delmira Agustini, la argentina Alfonsina Storni y, por supuesto, su compatriota Gabriela Mistral.

Por medio de una métrica constituida sobre todo por versos de 14 sílabas (alejandrinos) y de 11 sílabas (endecasílabos), rimados de forma asonante o bien sin rima, y con diversas composiciones estróficas, Neruda revela su naturaleza apasionada y vitalista, regocijándose en la carnalidad femenina y el deseo que despierta:

Un viejo bote abandonado

Neruda escribió *La canción desesperada* durante sus visitas veraniegas a Bajo Imperial, en los viejos muelles de un río. Había allí un bote abandonado en el que el poeta se refugiaba, rodeado de maderos rotos «Creo que no he vuelto a ser tan alto y tan profundo como en aquellos días. Arriba el cielo azul impenetrable. [...] Cerca de mí todo lo que existió y siguió existiendo para siempre en mi poesía: el ruido lejano del mar, el grito de los pájaros salvajes, y el amor ardiendo sin consumirse como una zarza inmortal».

Cuerpo de mujer, blancas colinas, muslos blancos,
te pareces al mundo en tu actitud de entrega.
Mi cuerpo de labriego salvaje te socava
y hace saltar el hijo del fondo de la tierra.

Pero el impulso erótico aparece teñido de melancolía, soledad y angustia, sentimientos que estallan al final del libro, en *La canción desesperada*, donde el combate amoroso es paralelo a las imágenes de desposesión y naufragio:

Abandonado como los muelles en el alba.
Sólo la sombra trémula se retuerce en mis manos.

Antes de *Veinte poemas de amor y una canción desesperada*, Neruda había escrito *El hondero entusiasta*, un libro que no publicó hasta 1933. El erotismo es, de nuevo, la nota predominante de esta obra, llegándose a momentos de arrebato explícito. Por ejemplo, el poema número VII culmina con unos vertiginosos versos en los que se representa el anhelo de experimentar una auténtica eyaculación:

Y que yo pueda, al fin, correr en fuga loca,
inundando las tierras como un río terrible,
desatando estos nudos, ah Dios mío, estos nudos,
destrozando,
quemando,
arrasando,
como una lava loca lo que existe,
correr fuera de mí mismo, perdidamente,
libre de mí, furiosamente libre.
¡Irme,
Dios mío,
irme!

Anillos y *El habitante y su esperanza*, los dos textos de prosa de este período, tienen interés debido a que en sus páginas puede rastrearse la evolución interior del joven Neruda. Pero por encima de ellos sobresale un volumen de versos publicado en 1926, *Tentativa del hombre infinito*, del que el propio autor dijo en 1950: «Es el libro menos leído y menos estudiado de mi obra; sin embargo, es uno de los más importantes de mi poesía, enteramente diferente a los demás». Desde luego, *Tentativa del hombre infinito* es un texto ambicioso y muy personal que conecta con la poesía de vanguardia y expresa un deseo de experimentación, en consonancia con el Surrealismo y el Ultraísmo. La capacidad inventiva y los juegos verbales del escritor chileno, Vicente Huidobro, se hacen presentes en las imágenes de este libro, de carácter onírico y aparentemente caóticas y caprichosas:

...árbol de estertor candelabro de llamas viejas
distante incendio mi corazón está triste...

Neruda construye series de impresiones surgidas de su experiencia personal, como si fueran fragmentos de recuerdos que se intercalan en un sueño, sin respetar ninguna lógica gramatical, ni enlazar los significados. No hay mayúsculas ni puntuación que permitan orientarse al lector, quien ha de leer los poemas como si se tratasen de un arbitrario afloramiento del subconsciente.

Visiones apocalípticas

El segundo gran período de Neruda está marcado por *Residencia en la tierra*, libro con el que comienza a explorar un territorio auténticamente original y se libera de las influencias de juventud. Es el texto más importante de Neruda y el que le abrió las puertas de la celebridad internacional. El poeta lo escribió lentamente a lo largo de los cinco años en que fue embajador en Oriente, una experiencia que se convirtió para él, como ya hemos dicho, en un verdadero viaje a los infiernos. Mientras que la primera edición de *Residencia en la tierra* incluye los poemas de 1925 a 1931, la segunda edición consta de composiciones escritas entre 1931 y 1935. Una *Tercera residencia*, publicada en Buenos Aires en 1947, comprende las dos anteriores y otro conjunto de poemas sobre la guerra civil española y la guerra mundial, que pertenecen ya a la siguiente etapa de Neruda.

Los dos primeros ciclos de *Residencia en la tierra* ofrecen una visión de la realidad absolutamente negativa. El caos, la muerte y la destrucción reinan en un universo poético en el que hasta el instinto amoroso presenta su faceta más oscura. Las visiones apocalípticas y monstruosas, procedentes de una angustiosa pesadilla, se suceden sin tregua:

Cuando la tierra llena de párpados mojados
se haga ceniza y duro aire cernido,
y los terrones secos y las aguas,
los pozos, los metales,
por fin devuelvan sus gastados muertos,
quiero una oreja, un ojo,
un corazón herido dando tumbos,
un hueco de puñal hace tiempo hundido
en el cuerpo hace tiempo exterminado y solo...

Esta poesía nerudiana, que ha sido calificada de imperfecta e impura, hunde sus raíces en la obra de James Joyce y T. S. Eliot, autores que hablan de la profunda desorientación del hombre contemporáneo y nos sumergen en un mundo desilusionado, a la vez que, como hace el propio Neruda, yuxtaponen elementos heterogéneos con objeto de dar forma a esa interpretación. A nivel del estilo, el poeta recurre, como ya había hecho en *Tentativa del hombre infinito*, a una sintaxis enrevesada y laberíntica, proyectando imágenes que exigen una lectura intuitiva más que racional. Con frecuencia se sirve de enumeraciones caóticas, como en el poema «Entrada en la madera».

> *Poros, vetas, círculos de dulzura,*
> *peso, temperatura silenciosa,*
> *flechas pegadas a tu alma caída,*
> *seres dormidos en tu boca espesa,*
> *polvo de dulce pulpa consumido…*

Intuición misteriosa

En la segunda serie de *Residencia en la tierra* hay una «Oda a Federico García Lorca» que Neruda compuso cuando el poeta granadino se encontraba en la plenitud de su fama. A pesar de que Lorca era para todos un ser jovial y alegre, Neruda prefirió revestirle de un halo escalofriante y tétrico, y en un pasaje parece anunciar el trágico destino que le esperaba al estallar la Guerra Civil española, en cuyos primeros días fue asesinado por los militares rebeldes:

Si pudiera llorar de miedo en una casa sola,
si pudiera sacarme los ojos y comérmelos,
lo haría por tu voz de naranjo enlutado
y por tu poesía que sale dando gritos.
…
¿Para qué sirven los versos sino para esa noche
en que un puñal amargo nos averigua, para
ese día,
para ese crepúsculo, para ese rincón roto
donde el golpeado corazón del hombre se dispone a morir?

En ésta y otras composiciones también se escucha el eco de los poetas españoles del Siglo de Oro, y especialmente de Quevedo, de quien Neruda tomó un verso para titular la última parte del ciclo, *Las furias y las penas*, donde la relación sexual es presentada como una lucha, quizás en recuerdo del turbulento amor que le unió a la fogosa Josie Bliss:

> *En el fondo del pecho estamos juntos,*
> *en el cañaveral del pecho recorremos*
> *un verano de tigres,*
> *al acecho de un ramo de inaccesible cutis,*
> *con la boca olfateando sudor y venas verdes*
> *no encontrábamos en la húmeda sombra*
> *[que deja caer besos.*

Una mano tendida

Ya hemos indicado que las últimas partes de *Tercera residencia* inauguran un nuevo enfoque en la trayectoria de Neruda. Las experiencias de la guerra fratricida en España y del conflicto bélico mundial fueron decisivas para el poeta chileno, que a partir de entonces asumió como propia la lucha política antifascista. El descubrimiento de la solidaridad le llevó a convertirse en un cantor del pueblo en peligro, y su texto «España en el corazón», incluido en la *Tercera residencia*, es parangonable a la obra de César Vallejo *España, aparta de mí este cáliz*, otro conmovedor homenaje a los combatientes republicanos.

La misma voz poética estremecida ante la injusticia se expresa en *Canto general*, libro extensísimo cuya gestación ocupó a Neruda casi once años, entre 1938 y 1949. Aunque se trata de un texto de naturaleza propagandística inspirado por la

Peligros del lirismo panfletario

Neruda rebaja en ocasiones el nivel de exigencia de sus creaciones y escribe versos decididamente panfletarios y proselitistas, que surgen de la pluma del militante a remolque de los lemas del partido comunista. Los camaradas soviéticos se convierten en héroes, el pueblo ruso aparece como el gran motor de la revolución y el ejército rojo recibe ridículos elogios. La muerte de Stalin le inspira un tendencioso poema en el que conversa en la playa con un pescador de erizos:

«Pero Malenkov continuará su obra», prosiguió
levantándose el pobre pescador de chaqueta raída.
Yo lo miré sorprendido pensando: ¿Cómo, cómo lo sabe?
¿De dónde, en esta costa solitaria?
Y comprendí que el mar se lo había enseñado.

El poeta tardó en aceptar el relato de las atrocidades cometidas por Stalin, y hasta 1964, once años después de la muerte del dictador, no reconoció su error, con otros versos más aceptables poética y políticamente, en *Memorial de Isla Negra*:

Y aquel muerto regía la crueldad
desde su propia estatua innumerable:
aquel inmóvil gobernó la vida.

ideología política del autor, sus más de quince mil versos alcanzan una hondura humana y una temperatura épica difícilmente equiparables. El poeta se transforma en un cronista que identifica el destino de América con su propio destino y se enfrenta a las historias oficiales, ensalzando al pueblo oprimido que ha derramado su sangre a través de los siglos:

Y muere glorioso, «el patriota»
senador, patricio eminente,

condecorado por el Papa,
ilustre, próspero, temido,
mientras la trágica ralea
de nuestros muertos, los que hundieron
la mano en el cobre, arañaron
la tierra profunda y severa,
mueren golpeados y olvidados,
apresuradamente puestos
en sus cajones funerales:
un nombre, un número en la cruz
que el viento sacude, matando
hasta la cifra de los héroes.

Políticamente el libro es simplista y maniqueo. La crueldad de los conquistadores y el heroísmo de las gentes humildes son sus dos principales imágenes. Sin embargo, el conjunto resulta un fascinante fresco de las tierras, los hombres y la historia de América, con momentos en los que el poeta narra retazos de su vida y emula los mejores versos del otro gran cantor del continente, Walt Whitman. La misión del poeta, a la vez testigo, actor y víctima, queda clara cuando sus hermanos le interpelan:

¿Tú qué hiciste? No vino tu palabra
para el hermano de las bajas minas,
para el dolor de los traicionados,
no vino a ti la sílaba de llamas
para clamar y defender tu pueblo?

El hecho de que *Canto general* sea la materialización lírica de las tesis del realismo socialista no impide que algunas de sus secciones, como «Alturas de Macchu Picchu», «América, no invoco tu nombre en vano» o «Yo soy» alcancen un elevado tono poético, con imágenes impregnadas de una fuerza característica:

> Viví en Birmania, entre las cúpulas
> de metal poderoso, y la espesura
> donde el tigre quemaba sus anillos
> de oro sangriento.

El diario en verso de su exilio y de sus viajes por el mundo, desde 1949 hasta 1952, fue publicado en un voluminoso libro titulado *Las uvas y el viento*, que continúa reflejando su esperanza en una sociedad sin clases. En un tono positivo, el poeta aboga por la igualdad de los hombres y lo contempla todo con la ilusión del viajero que cree gozosamente en un futuro mejor:

> Yo, americano, hijo
> de las más anchas soledades del hombre,
> vine a aprender la vida de vosotros
> y no la muerte, no la muerte.

La vía de la sencillez

Con las *Odas elementales*, publicadas en 1954, da comienzo un nuevo período en la trayectoria de Neruda. Este libro señala el inicio de una serie que incluye las *Nuevas odas elementales* (1956) y el *Tercer libro de las odas* (1957), y que se prolonga en volúmenes posteriores como *Navegaciones y regresos* (1959), *Las piedras de Chile* (1961) y *Plenos poderes* (1962).

En esta etapa, la búsqueda de una expresión sencilla y clara que permita elaborar una poesía didáctica es el principal objetivo del poeta, quien reconoce que su obligación consiste, ante todo, en ser transparente. Lejos queda ya el pesimismo radical de *Residencia en la tierra*, así como el barroco hermetismo de aquellos versos angustiosos. Ahora se trata de ofrecer testimonio del mundo de una manera entusiasta, útil y directa, aun cuando en ocasiones la forma, de tan comprensible, parezca prosaica:

No se sorprenda nadie porque quiero
entregar a los hombres
los dones de la tierra
porque aprendí luchando
que es mi deber terrestre
propagar la alegría.
Y cumplo mi destino con mi canto.

Neruda elogia la realidad entera, los elementos que componen el Universo (tierra, aire, fuego y agua) y cada una de sus manifestaciones concretas (la cebolla, los calcetines, el tomate, los pájaros), elaborando un inventario de mínimas felicidades. El punto de vista positivo y nítido se expresa a través de versos muy breves y simples, de medida heterogénea, con una desacomplejada facilidad:

La boca de la vida
besa mi boca.
Vivo,
amo
y soy amado.
Recibo
en mi ser cuanto existe.

Cuando el camino de las *Odas elementales* parecía agotado, debido a la simplicidad de su fórmula, Neruda supo, una vez más, imprimir un giro decisivo al rumbo de su obra. En lugar

En el otoño de la vida

Mientras escribía su *Tercer libro de las odas*, Neruda se encaminaba hacia los 60 años de edad. De ahí que entre sus poemas afirmativos y limpios brotara eventualmente la preocupación por el tiempo que pasa. No obstante, su actitud será también de sana resistencia ante el declive, de perpetuo optimismo. Fragmentando los versos en palabras aisladas, consigue subrayar el lento e inevitable transcurrir de los instantes. Por ejemplo, refiriéndose al tiempo, declara:

*Te proclamo
camino
y no mortaja,
escala
pura
con peldaños
de aire,
traje sinceramente
renovado
por longitudinales
primaveras.*

de caer en el manierismo expresivo imitándose a sí mismo, o recorrer nuevamente las sendas bien conocidas de la experimentación, el escritor chileno se inclinó por un imprevisto clasicismo en libros como *Cien sonetos de amor* (1960) y *Cantos ceremoniales* (1961), donde el verso libre, sin medida ni rima, pierde protagonismo en favor de formas métricas tradicionales y estrofas de arte mayor, con versos de nueve o más sílabas. Así, sorprendiendo a todos, huía del anquilosamiento, recurriendo, paradójicamente, a cánones líricos considerados obsoletos.

No obstante, su creación más importante de esta época es *Estravagario* (1958), un texto distinto a los demás que parece dictado por la libertad más absoluta. Caprichoso, lúdico y extravagante, como el título indica, sus versos destilan melancolía y humor al mismo tiempo, como si Neruda fuese más que nunca dueño absoluto de sus habilidades poéticas y de sus sentimientos más profundos. Es la plena madurez de un autor capaz de hacer un chiste a partir de sus contradicciones y de su propio escepticismo:

Mientras se resuelven las cosas
aquí dejé mi testimonio,
mi navegante estravagario,
para que leyéndolo mucho
nadie pudiera aprender nada,
sino el movimiento perpetuo
de un hombre claro y confundido,
de un hombre lluvioso y alegre,
enérgico y otoñabundo.

Tanto en *Estravagario* como en los restantes libros de ese período, la inquietud por el devastador efecto del tiempo (*los relojes, los meses, los agudos | dientes del calendario*) hace que el poeta se vuelva hacia su infancia y rememore con nostalgia al niño de Temuco protegido por su querida madrastra, cuando descubría el mundo con ojos limpios y llenos de curiosidad. Por ejemplo, un poema de *Plenos poderes*, titulado «A la tristeza (II)», evoca la casa familiar:

Quiero
aquel madero roto en el estuario,
la vasta casa oscura
y mi madre
buscando
parafina
y llenando la lámpara
hasta no dar la luz sino un suspiro.

Asimismo, frente al convencimiento sin fisuras de sus textos más políticos, el autor descubre que el mundo está hecho de luces y sombras, que las cosas no son blancas o negras y que la existencia es un territorio de ambigüedades y contrastes. De este modo, Neruda transita por caminos opuestos pero complementarios, la vida y la muerte, que se alimentan mutuamente:

> *...así lo que en la muerte me rodea*
> *abre en mí la ventana de la vida*
> *y en pleno paroxismo estoy durmiendo.*
> *A plena luz camino por la sombra.*

Luces y sombras

Avanzada la década de los '60, Neruda profundiza en sus recuerdos y acomete la elaboración de dos textos autobiográficos. El primero, en prosa, será publicado después de su muerte con el título *Confieso que he vivido.*

El segundo está escrito en verso y se llama *Memorial de Isla Negra.*

La vida del poeta queda reflejada de una manera deliberadamente subjetiva, de forma que la narración de los hechos no está inspirada por la precisión cronológica o la exactitud, sino que pretende transmitir las experiencias tal como fueron sentidas por el cronista.

El tiempo pasado surge así revestido de imágenes que son como destellos de la memoria:

> *Nada perdí, ni un día vertical,*
> *ni una ráfaga roja de rocío,*
> *ni aquellos ojos de los leopardos*
> *ardiendo como alcohol enfurecido,*
> *ni los salvajes élitros del bosque*
> *canto total nocturno del follaje,*
> *ni la noche, mi patria constelada,*
> *ni la respiración de las raíces.*

La memoria huidiza

Para desesperación de sus biógrafos, Neruda se mostró enormemente impreciso y olvidadizo a la hora de escribir sus memorias. Muchos aspectos polémicos de su vida fueron evitados por el autor, y de otros ofreció una versión irreal, poetizada y escasamente informativa. Tanto en *Confieso que he vivido* como en *Memorial de Isla Negra* se disculpa por estas inexactitudes, amparándose en la tesis de que la vida, como los sueños, está hecha de vaguedades y reflejos que es imposible atrapar totalmente, y que las memorias del poeta son «una galería de fantasmas sacudidos por el fuego y la sombra de su época». Así lo afirma en una composición de *Memorial de Isla Negra*, titulada precisamente «La memoria»:

Pero no me pidan la fecha
ni el nombre de lo que soñé,
ni puedo medir el camino
que tal vez no tiene país
o aquella verdad que cambió,
que tal vez se apagó el día
y fue luego luz errante
como en la noche una luciérnaga.

Con aterciopelada melancolía a veces, y otras con profundo dramatismo, los sucesos relevantes o íntimos son desgranados por el autor, que una vez más recurre a la lucha entre los opuestos para subrayar la naturaleza dual del Universo y del hombre. En el poema «La noche en Isla Negra», las oscuridades del cielo y el océano libran una batalla encarnizada que sólo concluye con el rayar de alba, símbolo de sabiduría, que ilumina la tenebrosa pluralidad del espíritu y orienta dolorosamente a quien contempla:

...y cielo y sombra estallan
con fragor de combate desmedido:

toda la noche luchan,
nadie conoce el peso
de la cruel claridad que se irá abriendo
como una torpe fruta...

Desde 1962 hasta su muerte, en 1973, Neruda escribió una veintena de libros. Ávido por dejar testimonio de cada paso que daba, intentando en todo momento plasmar la vida en versos, el poeta experimentaba la irreprimible necesidad de prolongar su obra de una manera obsesiva, casi maníaca, como si el tiempo se le escapase entre los dedos. A pesar de que en esta última época la calidad de su producción muestra cierto desfallecimiento, es frecuente encontrar en ella momentos notables, ya sea por su dominio de la técnica o porque su capacidad de penetrar en el sentido lírico de las cosas no sólo permanece intacto sino que se ha enriquecido con los años.

Fiel a sí mismo, continuó cultivando los registros básicos de su trayectoria anterior. Un primer conjunto de textos obedece al didactismo de la poesía comprometida, en la que el combate ideológico destaca sobre todo lo demás. *Fin del mundo* (1969) e *Incitación al nixonicidio y alabanza de la revolución chilena* (1973) son obras militantes, en las que Neruda continúa abogando por la causa del socialismo a pesar de las contradicciones que día a día se hacen más evidentes. Stalin aparece de nuevo, pero esta vez como un ser poseído por el demonio:

La tierra se llenó con sus castigos,
cada jardín tenía un ahorcado.

Neruda continuaba acatando la doctrina oficial de su partido, y en una composición dedicada a la invasión de Checoslovaquia por las tropas rusas, afirma:

Sufrimos de no defender
la flor que se nos amputaba
para salvar el árbol rojo
que necesita crecimiento.

La flor es la ciudad de Praga tomada por los blindados y sacrificada por el bien del árbol rojo, el padre comunista que debe devorar a sus hijos rebeldes para que la idea prevalezca. Ciertamente el poeta añade:

Pido perdón para este ciego
que veía y que no veía.

Pero en lo fundamental sigue aprobando la actuación y las consignas soviéticas sin asomo de autocrítica, aunque lamente las inevitables consecuencias de esa política «necesaria».

Un segundo grupo de obras, representado por *La Barcarola* (1967), *La espada encendida* (1970) o *La rosa separada* (1974), revela una mayor libertad, y el poeta se centra en su experiencia personal, sus amistades y sus pasiones. Pero sobre todo destacan los libros nacidos a la sombra de *Estravagario*, como *Arte de pájaros* (1966), y aquellos volúmenes en los que Neruda reflexiona con hondura sobre la enfermedad y la muerte, como *Geografía infructuosa* (1972), *Jardín de invierno* (1974) y *El corazón amarillo* (1974), cuyos títulos son por sí mismos suficientemente reveladores del tono fúnebre que los recorre.

Numerosos versos de estas obras finales, varias de ellas publicadas póstumamente, son como epitafios que el poeta elabora sabedor de que el fin está próximo:

La propia dicha puede ser amarga
a fuerza de besarla cada día

> *y no hay camino para liberarse*
> *del sol sino la muerte.*

No obstante, el humor le redime de la angustia y Neruda es capaz de burlarse de sus males, de los médicos que no hacen sino dictaminar con términos expertos su evidente decrepitud (*y los caprichos de mi uretra | me conducía sin apuro | a un analítico final*), y acepta con ironía lo ineludible, planteándose lúcidamente cuestiones esenciales y terribles en el *Libro de las preguntas* (1974):

> *Cuando ya se fueron los huesos*
> *quién vive en el polvo final?*

Neruda y la crítica

Si algo caracteriza la poética de Neruda es su evolución permanente. Con el paso del tiempo, su obra se modificó varias veces, cambió de orientación y creció a medida que se ensanchaba el horizonte personal del autor, dando lugar así a un vasto conjunto a la vez esclarecedor y contradictorio. El poeta neorromántico, el poeta hermético, el poeta militante y el poeta épico fueron facetas de la misma personalidad creadora, aspectos complementarios de un escritor que siempre entendió su oficio como una búsqueda incesante.

Quienes han afirmado que Neruda era un artista intuitivo, torrencial y escasamente sistemático, carente de preparación académica, olvidan que en su obra se revela un profundo conocimiento de la tradición, y que sus escritos y declaraciones ponen de manifiesto una conciencia y una lucidez que pocas veces se encuentra en autores de su talla.

Además, en la trayectoria de Neruda se detecta un movimiento que parece inspirado en la dialéctica hegeliana: desde una primera idea o tesis neomodernista y experimentalista pasó a la antítesis basada en el compromiso social, para llegar, en la última etapa, a una síntesis que no es tanto negación de lo anterior como capacidad para conciliar los opuestos. Como veremos a continuación, sus concepciones más arraigadas sobre la labor poética atravesaron íntegra y sucesivamente estas fases, y se adaptaron a las nuevas necesidades. Una coherencia íntima que no fue advertida por muchos críticos, que sólo vieron en los cambios de rumbo el afán de notoriedad de un espíritu extravagante.

En este sentido, Neruda fue un incomprendido por la crítica que no quiso o no supo mantenerse por encima de las polémicas, e incluso las provocó frecuentemente. Su indisciplina ante los santones que edifican y niegan celebridades de un plumazo pudo parecer fragilidad o testarudez, y, en todo caso, le hizo ganar fama de escritor excesivamente susceptible ante los comentarios negativos.

Bien es cierto que la mayor parte de sus adversarios desaprobó su poesía desde un punto de vista moral o político, o se empeñó en convertir sus virtudes en defectos. Neruda reaccionó a estas condenas de forma airada, pero siempre reconoció que le servían de acicate y que, paradójicamente, acrecentaban su fama: «Es posible que alguna vez me irritaran esas sombras persecutorias. Sin embargo, la verdad es que cumplían involuntariamente un extraño deber propagandístico, tal como si formaran una empresa especializada en hacer sonar mi nombre». En todo caso, nunca olvidó que sus enemigos se servían de él y le debían todo. Por eso en su «Oda a la envidia» dejó inscrita la siguiente sentencia:

Existen porque existo.

Un hombre insaciable

Antes de seguir adelante, es preciso detenerse brevemente en una de las características más acusadas de la personalidad poética de Neruda: su inagotable curiosidad y su poder de alcanzar un estado de comunión con el todo. Ya en *Crepusculario*, su primer volumen de poemas, la conciencia panteísta era un rasgo definitorio, sobre todo en relación con la naturaleza. En el poema «Sinfonía de la trilla» se dice:

Yo quiero estar desnudo en las gavillas,
pisado por los cascos enemigos,
yo quiero abrirme y entregar semillas
de pan; yo quiero ser de tierra y trigo!

Y más adelante, como si el poeta necesitara traspasar sus propios límites y difundirse más allá de la cárcel de su cuerpo, en todas las cosas vivientes:

Que trascienda mi carne a sembradura
ávida de brotar por todas partes,
que mis arterias lleven agua pura,
agua que canta cuando se reparte!

Las imágenes de la siembra y la germinación, constantes en la obra de Neruda, tienen mucho que ver tanto con el comportamiento del hombre como con las ideas estéticas del poeta. Se ha dicho que su manera de estar en el mundo era la del coleccionista, que busca poseer cada vez más cosas para perpetuarse en ellas. Neruda necesitaba acumular antigüedades y mascarones de proa de la misma forma que necesitaba acumular experiencias y emociones. En su memorias hay un párrafo revelador: «Yo sigo trabajando con los materiales que tengo y que soy. Soy omnívoro de sentimientos, de seres, de libros, de acontecimientos y batallas. Me comería toda la tierra. Me bebería todo el mar».

Ese apetito insaciable, que exige la espesura de la selva, el tráfago de las ciudades y el infinito océano, es también una modalidad de conocimiento. El espíritu voraz de Neruda le llevó a interesarse por todas las formas posibles de actividad humana, desde el amor y la amistad hasta los viajes, la política o la gastronomía. En un poema de *Estravagario*, el autor dice claramente:

> *Yo quiero hablar con muchas cosas*
> *y no me iré de este planeta*
> *sin saber qué vine a buscar,*
> *sin averiguar este asunto,*
> *y no me bastan las personas,*
> *yo tengo que ir mucho más lejos*
> *y tengo que ir mucho más cerca.*

La avidez de saber, la vitalidad para descubrir nuevos estímulos y penetrar hondamente en los elementos del mundo, es el motor de todos los cambios que se aprecian en la poesía de

Preguntar siempre

Indagar más allá de la realidad, sumergirse en lo más próximo (el yo) y expandirse hacia lo más lejano (la historia) son dos maneras de sondear al ser esencial del Universo. Neruda es un hombre que interroga constantemente, como un salvaje de la inteligencia que necesitara alimentarse de respuestas y profundizar en las cosas hasta llegar a su íntima complejidad. Esta actitud se expresa en «Indagaciones», una composición de *Plenos poderes*:

> *Pregunté a cada cosa*
> *si tenía*
> *algo más,*
> *algo más que la estructura,*
> *y así supe que nada era vacío:*
> *todo era caja, tren, barco cargado*
> *de multiplicaciones.*

Neruda. Una vez más, hay que referirse a Walt Whitman, que en su «Canto de mí mismo» escribió:

> *Yo me celebro y me canto.*
>
> *Y aquello que yo me apropio habrás de apropiarte,*
> *porque todos los átomos que me pertenecen también*
> *[te pertenecen.*

Del mismo modo que el autor de *Hojas de hierba*, Neruda buscará ser uno con el cosmos, estar con todo en todas partes y convertirse en el alma y la voz de sus contemporáneos, afirmación panteísta que adquiere su expresión más completa en el *Canto general*:

> *...a ti, al que sin saberlo me ha esperado,*
> *yo pertenezco y reconozco y canto.*
> *[...]*
> *Soy pueblo, pueblo innumerable.*

Declaraciones de principios

Aunque Neruda desarrolló una obra proteica, en perpetua transformación, el autor se mantuvo fiel a una serie de concepciones poéticas cuyo rastro puede seguirse no sólo en sus libros, sino también en sus textos en prosa, artículos, cartas y entrevistas. Puede ser que alguna vez matizase esos principios estéticos en función de las circunstancias personales o políticas, pero las líneas maestras de su sistema permanecieron inalterables.

En los apartados siguientes veremos cómo evolucionaron con el paso del tiempo sus posturas poéticas y sus juicios sobre la misión de los poetas, pero ahora nos centraremos en destacar los rasgos constantes de esa andadura, los elementos que dieron coherencia y continuidad a su trayectoria más allá de los avatares biográficos.

Para empezar, Neruda no creía en la originalidad, a la que consideraba «un fetiche más creado en nuestra época de vertiginosa derrumbe». A su modo de ver, la personalidad del poeta debía afirmarse por encima de la pretensión de ser novedoso, y era preciso perder el miedo a emular modelos anteriores. Quevedo, alabado por Neruda como uno de los más grandes poetas en lengua castellana, escribió composiciones con la advertencia «Imitación de Horacio» o «Imitación de Ovidio», práctica habitual en su época. Y el mismo Neruda, en el poema XVI de *Veinte poemas de amor y una canción desesperada*, realizó una paráfrasis de Rabindranath Tagore que, como hemos visto anteriormente, le reportó una molesta acusación de plagio.

Ante todo, Neruda estaba en contra de ver a los poetas como pequeños dioses inspirados milagrosamente por una divinidad superior. Durante unas conferencias en la Universidad de Santiago, en 1954, pronunció una palabras muy claras: «La clase dominante ha elaborado una idea falsa del poeta, presentándolo como una especie de pez ciego que nada con destreza mágica en las aguas del misterio. Esto es falso. Esta teoría tiene por objeto romper sus ataduras con el pueblo, extinguir sus raíces para trasformarlo en una planta artificial y débil».

> Neruda no creía en la «inspiración divina» que se atribuían algunos poetas.

En su opinión, los poetas más jóvenes eran los más susceptibles de caer en esta trampa del sistema, que busca desquiciar su talento y desactivar su capacidad de enunciar las verdades.

Por eso, lo esencial es perseverar en la orientación interior, «ir controlando ese crecimiento en que la naturaleza, la cultura y la vida social van desarrollando las excelencias del poeta». Como el barquero, éste «debe dirigir su barca y saber dejarse llevar por la corriente sin perder la dirección».

El don profético

Neruda comparó numerosas veces el oficio de poeta con el de cualquier trabajador. Para él, escribir versos no era más importante que hacer pan o cultivar la tierra.

Sin embargo, la labor del vate es especialmente delicada, porque si bien la inspiración no lo es todo, en la tarea poética hay un elemento profético innegable: «De alguna manera se cuelan elementos adivinatorios en la poesía. Son casi siempre sensaciones físicas personales o indefinidos sucesos íntimos. Pero a veces van más allá de uno mismo».

Este concepto aparece desarrollado por primera vez en la composición «Arte poética», de *Residencia en la tierra*. Allí, Neruda hace profesión de fe neorromántica y habla de la inspiración, aunque dándole un enfoque particular:

> ...*pero, la verdad, de pronto, el viento azota mi pecho,*
> *las noches de substancia infinita caídas en mi*
> > *[dormitorio,*
> *el ruido de un día que arde con sacrificio*
> *me piden lo profético que hay en mí, con melancolía*
> *y un golpe de objetos que llaman sin ser respondidos*
> *hay, y un movimiento sin tregua, y un nombre*
> > *[confuso.*

Estos versos, deliberadamente inciertos, manifiestan la misión del poeta como individuo a quien invade el confuso espíritu del mundo, tratando de despertar en él ese poder pro-

Los *diez mandamientos nerudianos*

1. Evitar la pretensión de ser original, pero ser absolutamente ambicioso.

2. Inspirarse en los autores admirados, al menos al principio, no para plagiarlos sino para crear algo distinto a partir de ellos.

3. Escuchar los dictados del corazón, pero dejar que las emociones se enfríen antes de ponerse a escribir.

4. Intentar que nunca decrezca nuestra curiosidad por lo que nos rodea.

5. Estar siempre alerta, esperando que aparezca la palabra o la sensación que buscamos.

6. Llevar siempre encima una libreta para anotar esos estímulos.

7. No acatar las modas, ni dejar de seguirlas por principio.

8. Resistirse a toda influencia que trate de alejarnos de la orientación que nos hemos marcado.

9. Ante cualquier duda, elegir siempre el camino de la claridad y preguntarse si el poema que se está escribiendo va a ser comprendido por cualquier persona, aunque sea ignorante.

0. Amar el oficio de poeta por encima de todas las cosas.

fético, tarea ante la cual muchas veces se siente impotente. Al igual que William Blake, poeta visionario por excelencia, Neruda cree en la facultad de penetrar en los secretos del Universo y acceder a él en su totalidad, extrayendo sentidos no expresados anteriormente y arrojando una nueva luz sobre las cosas. En este sentido, el poeta «es peligroso porque habla, porque es portador de la verdad», aun cuando no haya accedido a esa verdad por vías racionales.

No obstante, al igual que el coro en las antiguas tragedias griegas, el fin último del poeta es transformarse en vehículo de innumerables voces, en «afirmación sonora de lo que mucha gente sintió sin poder expresarlo». Y en este punto se hace patente su cometido social, pues ese caótico magma que desafía a su poder adivinatorio es, por encima de todo, el mundo de los hombres. De ahí que en el *Canto general*, al final del poema «Alturas de Macchu Picchu», Neruda haga una solicitud a sus hermanos, los grandes constructores de la ciudadela de los incas:

Hablad por mis palabras y mi sangre.

En este deseo de convertirse en intérprete del pueblo, en esta voluntad de ser una voz intemporal a través de la cual se exprese la colectividad, de nuevo resuenan ecos de Walt Whitman, que también identificó el yo lírico con el espíritu de sus semejantes y creó una poesía coral de alcance profético.

La renovación perpetua

Pocos poetas presentan una personalidad creadora tan cambiante como la de Pablo Neruda. Si en las páginas anteriores hemos destacado los elementos permanentes de su obra, en las siguientes vamos a centrarnos en las sucesivas transformaciones que experimentó la andadura poética del gran creador sudamericano, teniendo en cuenta que cada uno de esos enfoques fue producto del mismo espíritu de superación.

En su juventud, una de las principales causas de tales cambios de rumbo fue el peso de determinadas fuentes e influencias. En sus primeros libros el ascendiente de Rubén Darío,

Rabindranath Tagore o Sabat Ercasty es notable. Su vinculación con el romanticismo y el modernismo queda patente en *Veinte poemas de amor y una canción desesperada*, que es el más célebre de esta etapa inicial.

El primer giro importante de su trayectoria se produjo con *Residencia en la tierra*, volumen compuesto durante su estancia en Oriente y publicado cuando el poeta tenía 31 años. De este libro y de *Tentativa del hombre infinito*, donde había ensayado con éxito una aproximación a la poesía surrealista, procede la fama de autor hermético y difícil que le acompañó durante la década de los años '30.

En efecto, Neruda rompió con el lenguaje conciso y el tono sensual de sus versos juveniles para abordar un angustioso mundo en el que reinan el caos y la muerte. T. S. Eliot y Baudelaire habían sustituido a Darío en sus preferencias, y el delicado erotismo fue barrido por una oscura desesperanza. La búsqueda del ser amado dejó, por el momento, de ocupar al poeta, resuelto a explorar los recovecos más dolorosos y negros de sí mismo.

El propio Neruda definió este período como «un hacinamiento de ansiedades sin salida». El viaje al interior de su alma, que le puso en contacto con los misterios de un yo complejo y místico, fue una empresa necesaria que dio excelentes frutos poéticos. Pero de nuevo se preparaba una revolución interna, que iba a culminar tras la experiencia de la Guerra Civil española.

Negación del poeta maldito

A partir de 1936, Neruda repudiará su obra anterior, y muy especialmente, *Residencia en la tierra*. Al lanzarse a la contienda política, su visión del mundo cambia radicalmente, y llega a considerar dañinos los versos del que había sido su libro más original hasta ese momento: «Estos poemas no deben ser leí-

El verso, esa herramienta

Neruda identificaba la poesía con la herramienta del obrero. El canto debía estar en las calles y las fábricas, allí donde los hombres se afanan. El poeta debía ser uno más entre ellos, manipulando hábilmente el instrumento propio de su oficio. Frente a los elitistas, aristócratas de la pluma y estetas que sueñan con un arte no contaminado, exclusivo y puro, Neruda proponía una poesía «gastada como por un ácido por los deberes de la mano, penetrada por el sudor y el humo, oliente a orina y azucena, salpicada por las diversas profesiones que se ejercen dentro y fuera de la ley». Al comienzo de *Nuevas odas elementales*, unos curiosos versos expresan este punto de vista:

Quiero que todo
tenga
empuñadura,
que todo sea
taza o herramienta.
Quiero que por la puerta de mis odas
entre la gente a la ferretería.

dos por la juventud de nuestros países. Son poemas que están empapados de un pesimismo y angustia atroces. No ayudan a vivir, ayudan a morir. Si examinamos la angustia –no la angustia pedante de los *snobismos*, sino la otra, la auténtica, la humana–, vemos que es la eliminación que hace el capitalismo de las mentalidades que pueden serle hostiles en la lucha de clases. A una ola muy grande de pesimismo literario que llena una generación entera, corresponde un avance agresivo del capitalismo en su formación».

Como se ve, el poeta maldito que ha creado un universo barroco de imágenes subconscientes y pesadillas atormentadas es incompatible con el militante comprometido que canta a los humildes y a los perseguidos. A partir de ese momento, asumirá los postulados del realismo socialista y un nuevo credo estético. En un discurso pronunciado en 1938, deja claro este nuevo talante: «No he tenido en este año de lucha, no he tenido tiempo siquiera de mirar de cerca lo que mi poesía adora: las estrellas, las plantas y los cereales, las piedras de los ríos y de los caminos de Chile. No he tenido tiempo de continuar mi misteriosa exploración, la que me ordena tocar con amor la estalactita y la nieve para que la tierra y el mar me entreguen su misteriosa esencia. Pero he avanzado por otro camino, he llegado a tocar el corazón desnudo de mi pueblo y a realizar con orgullo que en él vive un secreto más fuerte que la primavera, más fértil y más sonoro que la avena y el agua, el secreto de la verdad».

En el producto más elaborado de esta fase de su obra, *Canto general*, el poeta vuelve la sencillez de sus primeros poemas, aunque teñidos de épica y solemnidad. También surge con fuerza el escritor didáctico, que desde 1954 se expresa a través de los distintos volúmenes de *Odas elementales*. Por eso, Neruda afirma: «Son enemigos de la poesía cuantos excluyen de ella la lucha [...] Aquéllos que, políticamente, quieren apartar la poesía de la política, quieren amordazarnos, quieren apagar el canto, el eterno canto».

En consonancia con estas tesis, después de la publicación de *Canto general*, Neruda se declaraba dispuesto a continuar escribiendo «sobre aquello que sea necesario para algún grupo de hombres», es decir, a poner su inspiración al servicio de su ideología política. Argumentando que en la antigüedad era habitual escribir por encargo, el poeta estaba decidido a seguir ejerciendo de propagandista del Partido Comunista de Chile, al que se había afiliado en 1945.

Pero en el ámbito concreto de la creación, su caballo de batalla consistió en alcanzar una sencillez discursiva y expresiva que le permitiera aproximarse al pueblo, el nuevo destinatario de su obra. Como indicó en una conferencia de 1953, al hablar de los poetas sudamericanos: «Sobre la base de la claridad podemos entendernos entre nosotros y hacernos entender de nuestros pueblos. La oscuridad del lenguaje en la poesía es un vestigio del antiguo servilismo».

Esta actitud de Neruda se resume en otra de sus afirmaciones: «Si yo no fuera un hombre sencillo, si no tratara de ser un poeta sencillo, sería desleal con los fundamentos de mi poesía».

Un discurso crítico

En 1971, dos años antes de su muerte, Neruda hizo su última declaración estética. Fue en Estocolmo, al pronunciar el discurso de recepción del Premio Nobel de Literatura. Su ambigüedad esencial quedó bien patente entonces, pues al describir dos posibles formas de entender el quehacer literario el poeta hablaba de su propia obra, que había fluctuado entre la oscuridad de *Residencia en la tierra* y la brillante luminosidad de *Odas elementales*:

«Nos vemos indefectiblemente conducidos a la realidad y al realismo, es decir a tomar una conciencia directa de lo que nos rodea y de los caminos de la transformación y luego comprendemos, cuando parece tarde, que hemos construido una limitación tan exagerada que matamos lo vivo en vez de conducir la vida a desenvolverse y florecer. Nos imponemos un realismo que posteriormente nos resulta más pesado que el ladrillo de las construcciones, sin que por ello hayamos erigido el edificio que contemplábamos como parte integral de nuestro deber. Y en sentido contrario, si alcanzamos a crear el fetiche de lo incomprensible (o de lo comprensible para unos pocos), el fetiche de lo selecto y de lo secreto, si suprimimos la realidad y sus degeneraciones realistas, nos veremos de pronto rodeados de un terreno imposible, de un trembladeral de hojas, de barro, de nubes, en que se hunden nuestros pies y nos ahoga una incomunicación opresiva».

Sabia madurez

Hasta finales de la década de los '50, el itinerario poético de Neruda discurría entre dos polos opuestos. Por un lado, el sondeo del yo y el examen de la propia complejidad fueron reemplazados por una poesía propagandística y épica, volcada hacia sus semejantes. Por el otro, a nivel formal, el barroquismo de libros como *Tentativa del hombre infinito* o *Residencia en la tierra* fue sustituido por una expresión de gran simplicidad, escueta y comprensible. En el otoño de su vida, Neruda había pasado, como es propio del pensamiento dialéctico, por la tesis y la antítesis de una concepción estética. Parecía llegada, por tanto, la hora de la síntesis, factor característico de su última etapa, iniciada en 1958 con un libro como *Estravagario*.

Es preciso decir que ni en los momentos más radicalmente extremos de ese movimiento pendular Neruda silenció totalmente su otro yo. Por ejemplo, en las *Odas elementales*, prodigio de claridad poética, donde la fe en la vida y en el futuro se convierte en un programa absoluto, asoma muchas veces el escritor esencialmente problemático, angustiado y hermético. Pero, en cierto modo, sólo la madurez permitió a Neruda reconciliar los dos mundos que se habían sucedido en su trayectoria y alcanzar un equilibrio definitivo.

Numerosos versos de *Plenos poderes* (1961), *Geografía infructuosa* (1972), *Jardín de invierno* (1974) y *El corazón amarillo* (1974), todos ellos pertenecientes al último período del poeta, dan testimonio de la reconciliación interior que Neruda experimenta en esta metamorfosis final. Ya no estamos ante el hombre inflexible que defiende tercamente un credo, sino ante el individuo que confiesa su ignorancia, acepta la existencia de tendencias contradictorias dentro de sí mismo y relativiza lo que antes le parecían verdades incuestionables. En *Fin del mundo* (1969) resume magníficamente este nuevo escepticismo:

Quise ser ciego en una esquina
y cantar para todo el mundo
sin ver a nadie porque todos
se me parecían un poco.
Pero buscaba mientras tanto
cómo mirarme hacia detrás,
hacia donde estaba sin ojos
y era oscura mi condición.

Neruda decide al final de su vida que no es posible decantarse entre las dos tendencias poéticas que le han animado hasta entonces. Profundizar en la verdad íntima del yo y anularse para entrar en comunión con todos los hombres probablemente sean las caras de una misma moneda. Entre lo real y lo espiritual, lo concreto y lo abstracto, lo didáctico y lo hermético, la subjetividad y la historia, el poeta en el otoño de su existencia opta por aceptar resignadamente las inevitables contradicciones de la condición humana. Pues, como dice un verso de *Memorial de Isla Negra*: «Ser y no ser resultan ser la vida».

El autor frente a sus críticos

Pablo Neruda nunca dejó indiferente a nadie. Tanto sus obras como sus actitudes públicas despertaron siempre vivas polémicas, que él se encargó de alimentar contestando duramente a sus críticos. Respecto a su figura no cabían términos medios, era preciso estar a favor o en contra, lo que dio lugar al nacimiento de bandos pronerudistas y antinerudistas que se atacaron ferozmente en revistas, panfletos, homenajes y conferencias. Algunos detractores de Neruda llegaron a ser sus enemigos acérrimos, y uno de ellos, Pablo de Rokha, se convirtió, prácticamente, en fustigador profesional del poeta chileno.

Los frecuentes cambios de rumbo con que Neruda sorprendió a sus lectores pocas veces fueron del agrado de la crítica. Para muchos, esas transformaciones implicaban el abandono de una poética conocida que Neruda dominaba. Por este motivo, nunca entendieron las razones que le llevaban a experimentar nuevos caminos, aun corriendo el riesgo de equivocarse. Sin duda, la necesidad de renovación rara vez suele ser comprendida por quienes prefieren vivir rodeados de confortables verdades a medias.

Juan Ramón Jiménez acusó a Neruda de ser «un gran poeta de la desorganización»

El primer desencuentro de Neruda y cierta parte de la crítica se produjo tras la publicación de *Veinte poemas de amor y una canción desesperada* en 1924. La célebre paráfrasis de Rabindranath Tagore que ofrecía el poema XVI fue considerada un plagio en toda regla, debido a que Neruda ocultó sus fuentes de inspiración en la primera edición del libro. El asunto pronto quedó aclarado y, en las siguientes ediciones, fue incluida una nota donde se advertía que se trataba de una interpretación libre. Pero la controversia continuó.

Durante su estancia en España como embajador, Neruda fue elogiado por la mayoría de artistas españoles del momento. Sólo Juan Ramón Jiménez se mantuvo al margen del entusiasmo general, y la publicación de Residencia en la tierra no le hizo cambiar de postura. En 1939 escribió una semblanza demoledora del autor chileno, al que denominaba «un gran mal poeta, un gran poeta de la desorganización». Las objeciones que puso Juan Ramón Jiménez a la obra nerudiana se centraron en la naturaleza caótica y de *collage* que caracterizaba a la poesía del chileno, algo que, según el Nobel andaluz, iba en detrimento de la exactitud, la profundidad y la pureza del trabajo del sudamericano: «[Neruda] posee un depósito de cuanto ha ido encontrando por su mundo, algo así como un vertedero, estercolero a ratos, donde hubiera ido a parar entre el sobrante, el desperdicio, el detrito, tal piedra, cual flor, un metal en buen estado aún y todavía bello».

Las concepciones poéticas de Juan Ramón Jiménez, basadas en una elaborada delicadeza e inspiradas por un mundo de abstracciones inefables, chocaron con el verso torturado y visceral de *Residencia en la tierra*. Tampoco Neruda estuvo nunca de acuerdo con los creadores exquisitos que buscan la belleza pura e incontaminada, y en *Canto general* les dedicó unos ácidos versos en los que les acusaba de permanecer indiferentes ante el sufrimiento de sus semejantes mientras los poetas comprometidos se sumergían en el combate:

> ...*y estábamos trenzados con nuestras mujeres*
> *sorbiendo*
> *más de un panal, devorando el azufre del mundo.*

Profesionales antinerudianos

Un libro como *Residencia en la tierra*, insólito en el panorama de las letras latinoamericanas, no podía dejar de suscitar intensos debates. Más aún cuando el propio autor, años después de su aparición, declaró que le parecía un texto destructivo, nihilista y peligroso para la juventud.

Hubo quienes defendieron la obra frente a su creador, y quienes fustigaron a ambos. Entre éstos, el más destacado, si no por su brillantez, sí por su perseverancia, fue el poeta chileno Pablo de Rokha, que en 1933 inició una campaña de descrédito antinerudiano que se prolongó hasta su muerte, en 1968. En su obsesiva cruzada recibió el apoyo de numerosos parientes, –como el de su cuñado Mahfud Massis– que le secundaron con extraordinario ahínco. De Rokha acusaba a Neruda de ser un embaucador, un poeta tardoromántico disfrazado de moderno, un plagiario que le había robado el seudónimo (aunque Pablo de Rokha era también seudónimo de Carlos Díaz Loyola).

Las críticas más despiadadas

Juan Ramón Jiménez:

«Neruda me parece un torpe traductor de sí mismo y de los otros, un pobre explotador de sus filones propios y ajenos, que a veces confunde el original con la traducción; que no supiera completamente su idioma ni el idioma que traduce».

Pablo De Rokha:

«Es un simulador, un poeta romántico que quiere pasar por moderno».

Benjamín Subercaseaux:

«Es prisionero voluntario de una ideología; el poeta ha caído dentro de la telaraña que todas las ideologías imponen a quienes cultivan un arte».

Octavio Paz:

«Lo que nos separa de su persona no son sus convicciones políticas, sino, simplemente, la vanidad... y el sueldo».

Juan Larrea:

«La voz de Neruda es opaca y purulenta, como de negro engrudo, gusta de redundar en oscuridades de cripta que ahueca cuanto puede para que giman lenta y lúgubremente, al modo como en las soledades andinas gusta la angustia de oír retumbar la quena en tinaja».

Dionisio Ridruejo

«[Neruda] adula en verso castellano y por un mediano jornal a los mayores y más fríos matarifes del mundo».

El propio Neruda se refirió en sus memorias a este tenaz adversario, al que llamó burlonamente Perico de Palothes. En *Confieso que he vivido* escribió: «Veinticino revistas fueron publicadas por un director invariable [que era él siempre], destinadas a destruirme literalmente, a atribuirme toda clase de crímenes, traiciones, agotamiento poético, vicios públicos y secretos, plagio, sensacionales aberraciones de sexo. También aparecían panfletos que eran distribuidos con asiduidad, y reportajes no desprovistos de humor, y finalmente un volumen entero titulado *Neruda y yo*, libro obeso, enrollado de insultos e imprecaciones [...] La característica suprema de Perico de Palothes, filósofo nietzscheano y grafómano irredimible, era su matonismo intelectual y físico. Ejerció de perdonavidas en la vida literaria de Chile. Tuvo durante muchos años una pequeña corte de pobres diablos que lo celebraban. Pero la vida suele desinflar en forma implacable a estos seres circunstanciales».

También en *Estravagario* mencionará a este formidable antagonista, lamentándose de que lleva un tiempo sin saber nada de él y preguntándose con incomparable sorna:

> *¿Qué voy a hacer sin forajido?*
> *Nadie me va a tomar en cuenta.*

Por lo que se refiere a la serie de *Odas elementales*, los comentarios fueron elogiosos en su mayoría. Un crítico conservador como Alone (Hernán Díaz Arrieta), que había aplaudido los primeros libros de Neruda pero no le entusiasmaba su poesía posterior, celebró el tono positivo y la claridad formal de esta obra, aunque continuaba expresando su desacuerdo con la militancia comunista del poeta.

En general, a los oponentes de Neruda les disgustaba más su ideología que la calidad de sus versos. Muchos de quienes habían criticado la oscuridad de *Residencia en la tierra* atacaron después los pasajes más pretenciosos o prosaicos de *Canto general* y, a continuación, lamentaron la sencillez de las *Odas elementales*. Denostando sus obras cargaban contra el autor, que les parecía un títere al servicio de la Unión Soviética, un poeta prometedor que había vendido su talento al marxismo y que ya sólo era capaz de producir una prosa propagandística con apariencia de poesía. Al margen de las enemistades personales y de las fobias anticomunistas, lo que se debatía era la viabilidad de una poesía política, una polémica que la obra y la figura de Neruda siempre suscitaron entre sus contemporáneos.

Acusaciones contra el poeta social

A principios de la década de los '40, durante su estancia en México como cónsul general, Neruda provocó una enconada polémica al discrepar públicamente de la orientación que seguían los jóvenes poetas de aquel país. En su opinión, faltaba compromiso social («hay absoluta desorientación y una falta de moral civil que realmente impresiona») y sobraba un excesivo culto de la forma.

Varios autores mexicanos contestaron a esas acusaciones, pero el más destacado de ellos fue Octavio Paz, que por aquel entonces aún no había cumplido treinta años. Paz llamaba a Neruda «generoso patrón de ciertos lacayos que se llaman sus amigos» y rechazaba su poesía militante: «Un buen discurso político posee más eficacia —y de eso se trata— que todas las odas del señor Neruda y sus discípulos». A su juicio, Neruda veía adversarios políticos por todas partes, estaba a sueldo de Moscú y era un incorregible vanidoso lleno de rencor. No fue la única vez que las declaraciones del poeta chileno, fruto de la pasión política, provocaron respuestas airadas. En el caso de Octavio Paz, su respeto por el escritor se vio empañado por ese temperamento nerudiano que siempre se manifestaba sin tapujos y con cierta precipitación. Hubo otros casos que acabaron por distanciar a Neruda de muchos autores de su tiempo que no comulgaban con sus ideas. Por ejemplo, el poeta español Leopoldo Panero, desde su militancia franquista, llegó a escribir un *Canto personal*, subtitulado «Carta perdida a Pablo Neruda», que pretendía ser una réplica al *Canto general*. En este libro le acusa de nuevo de estar pagado por los comunistas y se denuestan sus composiciones en honor de Stalin y los mandatarios soviéticos. Neruda no sólo fue atacado por intelectuales conservadores, como Juan Ramón Jiménez y Leopoldo Panero, o por liberales como Octavio Paz. Curiosamente, muchos de sus fustigadores procedían de las filas de su propio partido o eran marxistas convencidos. Tal era el caso del mencionado Pablo de Rokha o del poeta español Juan Larrea, para quienes Rusia no necesitaba en modo alguno el auxilio de Neruda.

El ataque es la mejor defensa

Juan Larrea publicó en 1944 un largo estudio titulado *El surrealismo entre el Viejo y el Nuevo mundo* en el que abordaba el «caso Neruda». Tras comentar el linaje romántico del poeta y sus vinculaciones con el surrealismo, lo comparaba negativamente con Rubén Darío y afirmaba que Neruda no estaba interesado en el destino de las naciones latinoamericanas. Ante todo, Larrea criticaba que el chileno supeditara la poesía a la ideología y que acatase los dictados de la URSS, una potencia del Viejo Mundo, en vez de optar por su propio continente: «Esgrime la oscura gama de sentimientos romanticoides para ganar la simpatía hacia una iglesia política extraterritorial, reclamando una subordinación a lo antípoda en

Los elogios más entusiastas

Federico García Lorca:

«[...] un auténtico poeta de los que tienen sus sentidos amaestrados en un mundo que no es el nuestro y que poca gente percibe. Un poeta más cerca de la muerte que de la filosofía; más cerca del dolor que de la inteligencia; más cerca de la sangre que de la tinta. Un poeta lleno de voces misteriosas que afortunadamente él mismo no sabe descifrar, de un hombre verdadero que ya sabe que el junco y la golondrina son más eternos que la mejilla dura de la estatua».

Emir Rodríguez Monegal:

«Como Whitman, como Víctor Hugo, como Yeats, Neruda es poeta de generosa vena libre y desatada, irregular y fecunda hasta en el error. Sus máscaras, sus personas son otras tantas formas de prodigarse en la creación».

Rafael Alberti:

«Chile ha enviado a España al gran poeta Pablo Neruda, cuya evidente fuerza creadora, en plena posesión de su destino poético, está produciendo obras personalísimas, para honor del idioma castellano».

Louis Aragon:

«Hemos elegido este libro de pocas páginas como un prefacio gigantesco a la literatura del mundo entero. No dudo que los jóvenes que lean su traducción francesa experimentarán ese estremecimiento nuevo que los de mi generación sintieron leyendo a Apollinaire o a Germain Nouveau».

Gabriela Mistral:

«El más grande poeta de habla hispana».

Ilya Ehrenburg:

«Después de Walt Whitman y Vladimir Maiakowski, ha conseguido de una manera personalísima resolver una de las cuestiones más importantes de nuestro tiempo: crear una poesía nueva, ligada al trabajo y a las luchas de las clases trabajadoras».

vez de defender la libertad consustancial a América». Para numerosos críticos marxistas, que desde entonces compartieron los puntos de vista de Larrea, el autor de *Canto general* era culpable de antiamericanismo.

Neruda no respondió inmediatamente a la diatriba de Larrea, pero tampoco la olvidó. Años después, en las *Nuevas odas elementales* (1956), escribió unos versos mordaces dedicados a su detractor, al que llamaba «Juan Tarrea». La composición de Neruda era demoledora:

> *...en todas partes*
> *sale con su discurso,*
> *con su berenjenal*
> *de vaguedades,*
> *con su oscilante*
> *nube*
> *de tontas tonterías,*
> *su baratillo viejo,*
> *de saldos metafísicos*
> *de seudo magia*
> *negra*
> *y de la mesiánica*
> *quincallería.*

Y acababa con una advertencia orgullosa, llena de desdén, casi amenazante, en la que el poeta se colocaba a la misma altura que sus grandes predecesores:

> *Tarrea,*
> *ándate pronto.*
> *No me toques. No toques*
> *a Darío, no vendas*
> *a Vallejo, no rasques*

*la rodilla
de Neruda.*

Otras veces, en vez de recurrir al cuerpo a cuerpo poético, en el que fue un maestro consumado, Neruda prefirió invalidar las acusaciones de sus críticos dándoles una lección en su propio terreno y demostrándoles que sus censuras no tenían razón de ser. Por ejemplo, cuando tras la publicación de *Estravagario*, en 1958, se le reprochó su libertad excesiva y el abuso de los versos cortos, Neruda decidió emplear formas métricas clásicas en sus libros siguientes, *Cien sonetos de amor* (1959) y *Cantos ceremoniales* (1961). Si bien sus sonetos casi nunca están totalmente rimados, el poeta certificaba en estos textos su capacidad para manejar con soltura cualquier tipo de versificación y someterse voluntariamente a una disciplina poética, sin por ello perder la frescura de sus creaciones más libres.

Lo mejor de Neruda: Antología breve

Poesía

Tengo miedo

Tengo miedo. La tarde es gris y la tristeza
del cielo se abre como una boca de muerto.
Tiene mi corazón un llanto de princesa
olvidada en el fondo de un palacio desierto.

Tengo miedo. Y me siento tan cansado y pequeño
que reflejo la tarde sin meditar en ella.
(En mi cabeza enferma no ha de caber un sueño
así como en el cielo no ha cabido una estrella.)

Sin embargo en mis ojos una pregunta existe
y hay un grito en mi boca que mi boca no grita.
No hay oído en la tierra que oiga mi queja triste
abandonada en medio de la tierra infinita!

Se muere el universo de una calma agonía
sin la fiesta del sol o el crepúsculo verde.
Agoniza Saturno como una pena mía,
la tierra es una fruta negra que el cielo muerde.

Y por la vastedad del vacío van ciegas
las nubes de la tarde, como barcas perdidas
que escondieran estrellas rotas en sus bodegas.

Y la muerte del mundo cae sobre mi vida.

De Crepusculario (1923)

El hondero entusiasta (*fragmento*)

Sufro, sufro y deseo. Deseo, sufro y canto.
Río de viejas vidas, mi voz salta y se pierde.
Tuerce y destuerce largos collares aterrados.
Se hincha como una vela en el viento celeste.
Rosario de la angustia, yo no soy quien lo reza.
Hilo desesperado, yo no soy quien lo tuerce.
El salto de la espada a pesar de los brazos.
El anuncio en estrellas de la noche que viene.
Soy yo: pero es mi voz la existencia que escondo.
El temporal de aullidos y lamentos y fiebres.
La dolorosa sed que hace próxima el agua.
La resaca invencible que me arrastra a la muerte.

De El hondero entusiasta (1933)

Llénate de mí (*fragmento*)

Llénate de mí.
Ansíame, agótame, viérteme, sacrifícame.
Pídeme. Recógeme, contiéneme, ocúltame.
Quiero ser de alguien, quiero ser tuyo, es tu hora.
Soy el que pasó saltando sobre las cosas,
el fugante, el doliente.

Pero siento tu hora,
la hora de que mi vida gotee sobre tu alma,
la hora de las ternuras que no derramé nunca,
la hora de los silencios que no tienen palabras,
tu hora, alba de sangre que me nutrió de angustias,
tu hora, medianoche que me fue solitaria.

Libértame de mí. Quiero salir de mi alma.
Yo soy esto que gime, esto que arde, esto que sufre.
Yo soy esto que ataca, esto que aúlla, esto que canta.
No, no quiero ser esto.
Ayúdame a romper estas puertas inmensas.
Con tus hombros de seda desentierra estas anclas.
Así crucificaron mi dolor una tarde.

De El hondero entusiasta (1933)

Poema 1

Cuerpo de mujer, blancas colinas, muslos blancos,
te pareces al mundo en tu actitud de entrega.
Mi cuerpo de labriego salvaje te socava
y hace saltar el hijo del fondo de la tierra.

Fui solo como un túnel. De mí huían los pájaros
y en mí la noche entraba su invasión poderosa.
Para sobrevivirme te forjé como un arma,
como una flecha de mi arco, como una piedra en mi
honda.

Pero cae la hora de la venganza, y te amo.
Cuerpo de piel, de musgo, de leche ávida y firme.
Ah los vasos del pecho! Ah los ojos de ausencia!
Ah las rosas del pubis! Ah tu voz lenta y triste!

Cuerpo de mujer mía, persistiré en tu gracia.
Mi sed, mi ansia sin límite, mi camino indeciso!
Oscuros cauces donde la sed eterna sigue,
y la fatiga sigue, y el dolor infinito.

De *Veinte poemas de amor y una canción desesperada* (1924)

Poema xv

Me gustas cuando callas porque estás como ausente,
y me oyes desde lejos, y mi voz no te toca.
Parece que los ojos se te hubieran volado
y parece que un beso te cerrara la boca..

Como todas las cosas están llenas de mi alma
emerges de las cosas, llena del alma mía.
Mariposa de sueño, te pareces a mi alma,
y te pareces a la palabra melancolía.

Me gustas cuando callas y estás como distante.
Y estás como quejándote, mariposa en arrullo.
Y me oyes desde lejos, y mi voz no te alcanza:
déjame que me calle con el silencio tuyo.

Déjame que te hable también con tu silencio
claro como una lámpara, simple como un anillo.
Eres como la noche, callada y constelada.
Tu silencio es de estrella, tan lejano y sencillo.

Me gustas cuando callas porque estás como ausente.
Distante y dolorosa como si hubieras muerto.
Una palabra entonces, una sonrisa bastan.
Y estoy alegre, alegre de que no sea cierto.

De *Veinte poemas de amor y una canción desesperada* (1924)

Poema xx

Puedo escribir los versos más tristes esta noche.

Escribir, por ejemplo: «La noche está estrellada,
y tiritan, azules, los astros, a lo lejos».

El viento de la noche gira en el cielo y canta.

Puedo escribir los versos más tristes esta noche.
Yo la quise, y a veces ella también me quiso.

En las noches como ésta la tuve entre mis brazos.
La besé tantas veces bajo el cielo infinito.

Ella me quiso, a veces yo también la quería.
Cómo no haber amado sus grandes ojos fijos.

Puedo escribir los versos más tristes esta noche.
Pensar que no la tengo. Sentir que la he perdido.

Oír la noche inmensa, más inmensa sin ella.
Y el verso cae al alma como al pasto el rocío.

Qué importa que mi amor no pudiera guardarla.
La noche está estrellada y ella no está conmigo.

Eso es todo. A lo lejos alguien canta. A lo lejos.
Mi alma no se contenta con haberla perdido.

Como para acercarla mi mirada la busca.
Mi corazón la busca, y ella no está conmigo.

La misma noche que hace blanquear los mismos árboles.
Nosotros, los de entonces, ya no somos los mismos.

Ya no la quiero, es cierto, pero cuánto la quise.
Mi voz buscaba el viento para tocar su oído.

De otro. Será de otro. Como antes de mis besos.
Sus voz, su cuerpo claro. Sus ojos infinitos.

Ya no la quiero, es cierto, pero tal vez la quiero.
Es tan corto el amor, y es tan largo el olvido.

Porque en noches como ésta la tuve entre mis brazos,
mi alma no se contenta con haberla perdido.

Aunque éste sea el último dolor que ella me causa,
y éstos sean los últimos versos que yo le escribo.

De *Veinte poemas de amor y una canción desesperada* (1924)

Admitiendo el cielo

Admitiendo el cielo profundamente mirando el cielo
[estoy pensando
con inseguridad sentado en este borde
oh cielo tejido con aguas y papeles
comencé a hablarme en voz baja decidido a no salir
arrastrado por la respiración de mis raíces
inmóvil navío ávido de esas leguas azules
temblabas y los peces comenzaron a seguirte
tirabas a cantar con grandeza ese instante de sed
[querías cantar
querías cantar sentado en tu habitación ese día
pero el aire estaba frío en tu corazón como en una
[campana
un cordel delirante iba a romper tu frío
se me durmió una pierna en esa posición y hablé con ella
cantándole mi alma me pertenece
el cielo era una gota que sonaba cayendo en la gran soledad
pongo el oído y el tiempo como un eucaliptus
frenéticamente canta de lado a lado
en el que estuviera silbando un ladrón
ay y en el límite me paré caballo de las barrancas
sobresaltado ansioso inmóvil sin orinar
en ese instante lo juro oh atardecer que llegas pescador
satisfecho
tu canasto vivo en la debilidad del cielo.

De *Tentativa del hombre infinito* (1926)

Entrada a la madera (*fragmento*)

Poros, vetas, círculos de dulzura,
peso, temperatura silenciosa,
flechas pegadas a tu alma caída,
seres dormidos en tu boca espesa,
polvo de dulce pulpa consumida,
ceniza llena de apagadas almas,
venid a mí, a mi sueño sin medida,
caed en mi alcoba en que la noche cae
y cae sin cesar como agua rota,
y a vuestra vida, a vuestra muerte asidme,
a vuestros materiales sometidos,
a vuestras muertas palomas neutrales,
y hagamos fuego, y silencio, y sonido,
y ardamos, y callemos, y campanas.

De *Residencia en la tierra* (1935)

Explico algunas cosas (*fragmento*)

Y una mañana todo estaba ardiendo
y una mañana las hogueras
salían de la tierra
devorando seres,
y desde entonces fuego,
pólvora desde entonces,
y desde entonces sangre.
Bandidos con aviones y con moros,
bandidos con sortijas y duquesas,
bandidos con frailes negros bendiciendo
venían por el cielo a matar niños,
y por las calles la sangre de los niños
corría simplemente, como sangre de niños.

[...]

Generales
traidores:
mirad mi casa muerta,
mirad España rota:
pero de cada casa muerta sale metal ardiendo
en vez de flores,
pero de cada hueco de España
sale España,
pero de cada niño muerto sale un fusil con ojos,
pero de cada crimen nacen balas
que os hallarán un día el sitio
del corazón.

De *Tercera residencia: España en el corazón* (1947)

Poema XII

Sube a nacer conmigo, hermano.

Dame la mano desde la profunda
zona de tu dolor diseminado.
No volverás del fondo de las rocas.
No volverás del tiempo subterráneo.
No volverá tu voz endurecida.
No volverán tus ojos taladrados.
Mírame desde el fondo de la tierra,
labrador, tejedor, pastor callado:
domador de guanacos tutelares:
albañil del andamio desafiado:
aguador de las lágrimas andinas:
joyero de los dedos machacados:
agricultor temblando en la semilla:

alfarero en tu greda derramado:
traed a la copa de esta nueva vida
vuestros viejos dolores enterrados.
Mostradme vuestra sangre y vuestro surco,
decidme: aquí fui castigado,
porque la joya no brilló o la tierra
no entregó a tiempo la piedra o el grano:
señaladme la piedra en que caísteis
y la madera en que os crucificaron,
encendedme los viejos pedernales,
las viejas lámparas, los látigos pegados
a través de los siglos en las llagas
y las hachas de brillo ensangrentado.
Yo vengo a hablar por vuestra boca muerta.
A través de la tierra juntad todos

los silenciosos labios derramados
y desde el fondo habladme toda esta larga noche
como si yo estuviera con vosotros anclado,
contadme todo, cadena a cadena,
eslabón a eslabón, y paso a paso,
afilad los cuchillos que guardastéis,
ponedlos en mi pecho y en mi mano,
como un río de rayos amarillos,
como un río de tigres enterrados,
y dejadme llorar, horas, días, años.
edades ciegas, siglos estelares.

Dadme el silencio, el agua, la esperanza.

Dadme la lucha, el hierro, los volcanes.

Apegadme los cuerpos como imanes.

Acudid a mis venas y a mi boca.

Hablad por mis palabras y mi sangre.

De Canto general: Alturas de Macchu Picchu (1950)

El pueblo

Paseaba el pueblo sus banderas rojas
y entre ellos en la piedra que tocaron
estuve, en la jornada fragorosa
y en las altas canciones de la lucha.
Vi cómo paso a paso conquistaban.
Sólo su resistencia era el camino,
y aislados eran como trozos rotos
de una estrella, sin boca y sin brillo.
Juntos en la unidad hecha silencio,
eran el fuego, el canto irreductible,
el lento paso del hombre en la tierra
hecho profundidades y batallas.
Eran la dignidad que combatía
lo que fue pisoteado, y despertaba
como un sistema, el orden de las vidas
que tocaban la puerta y se sentaban
en la sala central con sus banderas.

De *Canto general: Las flores de Punitaqui* (1950)

Oda a la cebolla (*fragmento*)

Cebolla,
luminosa redoma,
pétalo a pétalo
se formó tu hermosura,
escamas de cristal te acrecentaron
y en el secreto de la tierra oscura
se redondeó tu vientre de rocío.
Bajo la tierra
fue el milagro
y cuando apareció
tu torpe tallo verde,
y nacieron
tus hojas como espadas en el huerto,
la tierra acumuló su poderío
mostrando tu desnuda transparencia,
y como en Afrodita el mar remoto
duplicó la magnolia
levantando sus senos,
la tierra
así te hizo,
cebolla,
clara como un planeta,
y destinada
a relucir,
constelación constante,
redonda rosa de agua,
sobre
la mesa
de las pobres gentes.

De *Odas elementales* (1954)

Pido silencio (*fragmento*)

Ahora me dejen tranquilo.
Ahora se acostumbren sin mí.

Yo voy a cerrar los ojos.

Y sólo quiero cinco cosas,
cinco raíces preferidas.

Una es el amor sin fin.
Lo segundo es ver el otoño.
No puedo ser sin que las hojas
vuelen y vuelvan a la tierra.

Lo tercero es el grave invierno,
la lluvia que amé, la caricia
del fuego en el frío silvestre.

En cuarto lugar el verano
redondo como una sandía.

La quinta cosa son tus ojos,
Matilde mía, bienamada,
no quiero dormir sin tus ojos,
no quiero ser sin que me mires:
yo cambio la primavera
por que tú me sigas mirando.

Amigos, eso es cuanto quiero.
Es casi nada y casi todo.

De *Estravagario* (1958)

Muchos somos

De tantos hombres que soy, que somos,
no puedo encontrar a ninguno:
se me pierden bajo la ropa,
se fueron a otra ciudad.

Cuando todo está preparado
para mostrarme inteligente
el tonto que llevo escondido
se toma la palabra en mi boca.

Otras veces me duermo en medio
de la sociedad distinguida
y cuando busco en mí al valiente,
un cobarde que no conozco
corre a tomar con mi esqueleto
mil deliciosas precauciones.

Cuando arde una casa estimada
en vez del bombero que llamo
se precipita el incendiario
y ése soy yo. No tengo arreglo.
Qué debo hacer para escogerme?

Cómo puedo rehabilitarme?
Todos los libros que leo
celebran héroes refulgentes
siempre seguros de sí mismos:
me muero de envidia por ellos,
y en los filmes de vientos y balas
me quedo envidiando al jinete,
me quedo admirando al caballo.

Pero cuando pido al intrépido
me sale el viejo perezoso,
y así yo no sé quién soy,
no sé cuántos soy o seremos.
Me gustaría tocar un timbre
y sacar el mí verdadero
porque si yo me necesito
no debo desaparecerme.

Mientras escribo estoy ausente
y cuando vuelvo ya he partido:
voy a ver si a las otras gentes
les pasa lo que a mí me pasa,
si son tantos como soy yo,
si se parecen a sí mismos
y cuando lo haya averiguado
voy a aprender tan bien las cosas
que para explicar mis problemas
les hablaré de geografía.

De *Estravagario* (1958)

Testamento de otoño (*fragmento*)

De tantas veces que he nacido
tengo una experiencia salobre
como criatura del mar
con celestiales atavismos
y con destinación terrestre.
Y así me muevo sin saber
a qué mundo voy a volver
o si voy a seguir viviendo.
Mientras se resuelven las cosas
aquí dejé mi testimonio,
mi navegante estravagario,
para que leyéndolo mucho
nadie pudiera aprender nada,
sino el movimiento perpetuo
de un hombre claro y confundido,
de un hombre lluvioso y alegre,
enérgico y otoñabundo.
Y ahora detrás de esta hoja
me voy y no desaparezco:
daré un salto en la transparencia
como un nadador del cielo,
y luego volveré a crecer
hasta ser tan pequeño un día
que el viento me llevará
y no sabré cómo de llamo
y no seré cuando despierte:

entonces cantaré en silencio.

De *Estravagario* (1958)

Soneto LXVI

No te quiero sino porque te quiero
y de quererte a no quererte llego
y de esperarte cuando no te espero
pasa mi corazón del frío al fuego.

Te quiero sólo porque a ti te quiero,
te odio sin fin, y odiándote te ruego,
y la medida de mi amor viajero
es no verte y amarte como un ciego.

Tal vez consumirá la luz de enero,
su rayo cruel, mi corazón entero,
robándome la llave del sosiego.

En esta historia sólo yo me muero
y moriré de amor porque te quiero,
porque te quiero, amor, a sangre y fuego.

De *Cien sonetos de amor* (1959)

Casa

Tal vez esta es la casa en que viví
cuando yo no existí ni había tierra,
cuando todo era luna o piedra o sombra,
cuando la luz inmóvil no nacía.
Tal vez entonces esta piedra era
mi casa, mis ventanas o mis ojos.
Me recuerda esta rosa de granito
algo que me habitaba o que habité,
cueva o cabeza cósmica de sueños,
copa o castillo o nave o nacimiento.
Toco el tenaz esfuerzo de la roca,
su baluarte golpeado en la salmuera,
y sé que aquí quedaron grietas mías,
arrugadas sustancias que subieron
desde profundidades hasta mi alma,
y piedra fui, piedra seré, por eso
toco esta piedra y para mí no ha muerto:
es lo que fui, lo que seré, reposo
de un combate tan largo como el tiempo.

De *Las piedras de Chile* (1961)

Deber del poeta

A quien no escucha el mar en este viernes
por la mañana, a quien adentro de algo,
casa, oficina, fábrica o mujer,
o calle o mina o seco calabozo:
a éste yo acudo y sin hablar ni ver
llego y abro la puerta del encierro
y un sin fin se oye vago en la insistencia,
un largo trueno roto se encadena
al peso del planeta y de la espuma,
surgen los ríos roncos del océano,
vibra veloz en su rosal la estrella
y el mar palpita, muere y continúa.
Así por el destino conducido
debo sin tregua oír y conservar
el lamento marino en mi conciencia,
debo sentir el golpe de agua dura
y recogerlo en una taza eterna
para que donde esté el encarcelado,
donde sufra el castigo del otoño
yo esté presente con una ola errante,
yo circule a través de las ventanas
y al oírme levante la mirada
diciendo: cómo me acercaré al océano?
Y yo transmitiré sin decir nada
los ecos estrellados de la ola,
un quebranto de espuma y arenales,
un susurro de sal que se retira,
el grito gris del ave de la costa.
Y así, por mí, la libertad y el mar
responderán al corazón oscuro.

De *Plenos poderes* (1962)

El pájaro yo (Pablo Insulidae Nigra)

Me llamo pájaro Pablo,
ave de una sola pluma,
volador de sombra clara
y de claridad confusa,
las alas no se me ven,
los oídos me retumban
cuando paso entre los árboles
o debajo de las tumbas
cual un funesto paraguas
o como espada desnuda,
estirado como un arco
o redondo como una uva,
vuelo y vuelo sin saber,
herido en la noche oscura,
quiénes me van a esperar,
quiénes no quieren mi canto,
quiénes me quieren morir,
quiénes no saben que llego
y no vendrán a vencerme,
a sangrarme a retorcerme
o a besar mi traje roto
por el silbido del viento.
Por eso vuelvo y me voy,
vuelo y no vuelo pero canto:
soy el pájaro furioso
de la tempestad tranquila.

De *Arte de pájaros* (1966)

Otro castillo

No soy, no soy el ígneo,
estoy hecho de ropa, reumatismo,
papeles rotos, citas olvidadas,
pobres signos rupestres
en lo que fueron piedras orgullosas.

En qué quedó el castillo de la lluvia,
la adolescencia con sus tristes sueños
y aquel propósito entreabierto
de ave extendida, de águila en el cielo,
de fuego heráldico?

No soy, no soy el rayo
de fuego azul, clavado como lanza
en cualquier corazón sin amargura.

La vida no es la punta de un cuchillo,
no es un golpe de estrella,
sino un gastarse adentro de un vestuario,
un rapto mil veces repetido,
una medalla que se va oxidando
adentro de una caja oscura, oscura.

No pido nueva rosa ni dolores,
ni indiferencia es lo que me consume,
sino que cada signo se escribió,
la sal y el viento borran la escritura
y el alma ahora es un tambor callado
a la orilla de un río, de aquel río
que estaba allí y allí seguirá siendo.

De *Defectos escogidos* (1974)

Destinos

De tu destino dame una bandera,
un terrón, una espátula de fierro,
algo que vuele o pase, la cintura
de una vasija, el sol de una cebolla:
yo te lo pido por cuanto no hice nada.
Y antes de despedirme, quiero estar
preparado y llegar con tus trabajos
como si fueran míos, a la muerte.
Allí en la aduana me pregonarán
cuántas cosas labré, corté, compuse,
remendé, completé, dejé moviendo
entre manos hambrientas y mortales
y yo responderé:
esto es lo que hice, es esto lo que hicimos.
Porque sentí que de alguna manera
compartí lo que hacían
o mis hermanos o mis enemigos:
y ellos, de tanta nada que saqué
de la nada, de la nada mía,
tomaron algo y les sirvió mi vida.

De *Las manos del día* (1968)

Diablos

He visto cómo preparaba
su condición el oportuno,
su coartada el arribista,
sus redes la rica barata,
sus inclusiones el poeta.

Yo jugué con el papel limpio
frente a la luz todos los días.
Yo soy obrero y pescador
de versos vivos y mojados
que siguen saltando en mis venas.
Nunca supe hacer otra cosa
ni supe urdir los menesteres
del intrínseco jactancioso
o del perverso intrigador,
y no es propaganda del bien
lo que estoy diciendo en mi canto:
sino que no lo supe hacer,
y les pido excusas a todos:
déjenme solo con el mar:
yo nací para pocos peces.

De *Fin del mundo* (1969)

Gautama Cristo

Los nombres de Dios y en particular de su representante
llamado Jesús o Cristo, según textos y bocas,
han sido usados, gastados y dejados
a la orilla del río de las vidas
como los caparazones vacías de un molusco.
Sin embargo, al tocar estos nombres sagrados
y desangrados, pétalos heridos,
saldos de los océanos del amor y del miedo,
algo aún permanece: un labio de ágata,
una huella irisada que aún tiembla en la luz.

Mientras se usaban los nombres de Dios
por los mejores y por los peores, por los limpios y por los
[sucios,
por los blancos y los negros, por ensangrentados asesinos
y por las víctimas doradas que ardieron en napalm,
mientras Nixon con las manos
de Caín bendecía a sus condenados a muerte,
mientras menos y menores huellas divinas se hallaron en
[la playa,
los hombres comenzaron a estudiar los colores,
el porvenir de la miel, el signo del uranio,
buscaron con desconfianza y esperanza las posibilidades
de matarse y de no matarse, de organizarse en hileras,
de ir más allá, de ilimitarse sin reposo.

Los que cruzamos estas edades con gusto a sangre,
a humo de escombros, a ceniza muerta,
y no fuimos capaces de perder la mirada,
a menudo nos detuvimos en los nombres de Dios,
los levantamos con ternura porque nos recordaban

a los antecesores, a los primeros, a los que interrogaron,
a los que encontraron el himno que los unió en la desdicha
y ahora viendo los fragmentos vacíos donde habitó aquel
                                                    [hombre
sentimos estas suaves sustancias
gastadas, malgastadas por la bondad y por la maldad.

De *Jardín de invierno* (1974)

Sobrevivientes

Qué había pasado en la tierra?
Es este último hombre o primer hombre?
En tierras desdichadas o felices?
Por qué fundar la humanidad de nuevo?
Por qué saltaba el sol de rama en rama
hasta cantar con garganta de pájaro?
Qué debo hacer, decía el viento,
y por qué debo convertirme en oro,
decía el trigo, no vale la pena
llegar al pan sin manos y sin bocas:
el vacío terrestre
está esperando fuera
o dentro del hombre:
todas las guerras nos mataron a todos,
nunca quedó sobreviviente alguno.

De la primera guerra
a piedra y luego
a cuchillo y a fuego
no quedó vivo nadie:
la muerte quiso repetir su alimento
e inventó nuevos hombres mentirosos
y éstos ahora con su maquinaria
volvieron a morirse y a morirnos.

Caín y Abel cayeron muchas veces
(asesinados un millón de veces)
(un millón de quijadas
y quebrantos)
murieron a revólver y a puñal
a veneno y a bomba,

fueron envueltos en el mismo crimen
y derramaron toda su sangre cada vez.
Ninguno de ellos podía vivir
porque el asesinado era culpable
de que su hermano fuera el asesino
y el asesino estaba muerto:
aquel primer guerrero
murió también cuando mató a su hermano.

De *La espada encendida* (1970)

Prosa

Os debo contar mi aventura (*fragmento*)

También de noche he entrado titubeando en la casa del buscado, con el frío del arma en la mano, y con el corazón lleno de amargas olas. Es de noche, crujen los escalones, cruje la casa entera bajo las pisadas del homicida que son muy leves y muy ligeras sin embargo, y en la oscuridad negra que se desprende de todas las cosas, mi corazón latía fuertemente. También he entrado en la habitación del encontrado, allí las tinieblas ya habían bajado hasta sus ojos, su sueño era seguro porque él también conoce lo inexistente: mi antiguo compañero roncaba a tropezones, y sus ojos los cerraba fuertemente, con fuerza de hombre sabio, como para guardar su sueño siempre. Entonces, qué hace entonces ese pálido fantasma al cual algo de acero le brilla en la mano levantada?

De *El habitante y su esperanza* (1926)

Viaje al corazón de Quevedo (*fragmento*)

Quevedo fue para mí la roca tumultuosamente cortada, la superficie sobresaliente y cortante sobre un fondo de color de arena, sobre un paisaje histórico que recién me comenzaba a nutrir. Los mismos oscuros dolores que quise vanamente formular, y que tal vez se hicieron en mi extensión y geografía, confusión de origen, palpitación vital para nacer, los encontré detrás de España, plateada por los siglos, en lo íntimo de la estructura de Quevedo. Fue entonces mi padre mayor y mi visitador de España. Vi a través de su espectro la grave osamenta, la muerte física, tan arraigada en España. Este gran contemplador de osarios me mostraba lo sepulcral, abriéndose paso entre la materia muerta, con un desprecio imperecedero por lo falso, hasta en la muerte. Le estorbaba el aparato de lo mortal: iba en la muerte derecho a nuestra consumación, a lo que llamó con palabras únicas «la agricultura de la muerte». Pero cuanto le rodeaba, la necrología adorativa, la pompa y el sepulturero fueron sus repugnantes enemigos. Fue sacando ropaje de los vivos, su obra fue retirar caretas de los altos enmascarados, para preparar al hombre a la muerte desnuda, donde las apariencias humanas serán más inútiles que la cáscara del fruto caído. Sólo la semilla vuelve a la tierra con el derecho de su desnudez original.

De *Viajes* (1955)

El amor junto al trigo (*fragmento*)

Yo me quedé mucho tiempo tendido de espaldas, con los ojos abiertos, la cara y los brazos cubiertos por la paja. La noche era clara, fría y penetrante. No había luna pero las estrellas parecían recién mojadas por la lluvia y, sobre el sueño ciego de todos los demás, solamente para mí titilaban en el regazo del cielo. Luego me quedé dormido. Desperté de pronto porque algo se aproximaba a mí, un cuerpo desconocido se movía debajo de la paja y se acercaba al mío. Tuve miedo. Ese algo se arrimaba lentamente. Sentía quebrarse las briznas de paja, aplastadas por la forma desconocida que avanzaba. Todo mi cuerpo estaba alerta, esperando. Tal vez debía levantarme o gritar. Me quedé inmóvil. Oía una respiración muy cercana a mi cabeza.

De pronto avanzó una mano sobre mí, una mano grande, trabajadora, pero una mano de mujer. Me recorrió la frente, los ojos, todo el rostro con dulzura. Luego una boca ávida se pegó a la mía y sentí, a lo largo de todo mi cuerpo, hasta mis pies, un cuerpo de mujer que se apretaba conmigo.

Poco a poco mi temor se cambió en placer intenso. Mi mano recorrió una cabellera con trenzas, una frente lisa, unos ojos de párpados cerrados, suaves como amapolas. Mi mano siguió buscando y toqué dos senos grandes y firmes, unas anchas y redondas nalgas, unas piernas que me entrelazaban, y hundí los dedos en un pubis como musgo de las montañas. Ni una palabra salía ni salió de aquella boca anónima.

Cuán difícil es hacer el amor sin causar ruido en una montaña de paja, perforada por siete u ocho hombres más, hombres dormidos que por nada del mundo deben ser despertados. Mas lo cierto es que todo puede hacerse, aunque cueste infinito cuidado. Algo más tarde, también la desconocida se quedó bruscamente dormida junto a mí y yo, afiebrado por aquella situación, comencé a aterrorizarme. Pronto amanecería, pensaba, y los primeros trabajadores encontrarían a la mujer desnuda en la era, tendida junto a mí. Pero también yo me quedé dormido. Al despertar extendí la mano sobresaltado y sólo encontré un hueco tibio, su tibia ausencia. Pronto un pájaro empezó a cantar y luego la selva entera se llenó de gorjeos. Sonó un pitazo de motor, y hombres y mujeres comenzaron a transitar y afanarse junto a la era y sus trabajos. El nuevo día de la trilla se iniciaba.

Al mediodía almorzábamos reunidos alrededor de unas largas tablas. Yo miraba de soslayo mientras comía, buscando entre las mujeres la que pudiera haber sido la visitante nocturna. Pero unas eran demasiado viejas, otras demasiado flacas, muchas eran jovencitas delgadas como sardinas. Y yo buscaba una mujer compacta, de buenos pechos y trenzas largas. De repente entró una señora que traía un trozo de asado para su marido, uno de los Hernández. Ésta sí que podía ser. Al contemplarla yo desde el otro extremo de la mesa creí notar que aquella hermosa mujer de grandes trenzas me miraba con una mirada rápida y me sonreía con una pequeñísima sonrisa. Y me pareció que esa sonrisa se hacía más grande y más profunda, se abría dentro de mi cuerpo.

De *Confieso que he vivido* (1974)

«La facultad de Neruda para escribir era proverbial y asombrosa»

Entrevista a Helena Usandizaga

HELENA USANDIZAGA *es profesora titular de literatura hispanoamericana en la Universidad Autónoma de Barcelona y enseña como profesora invitada en las universidades peruanas de San Antonio Abad del Cusco y San Marcos de Lima. Es especialista en literatura andina peruana y poesía hispanoamericana del siglo* xx. *Ha publicado diversos textos sobre los mitos autóctonos en la literatura tradicional y contemporánea, y sobre diferentes poetas como César Vallejo, Oliverio Girondo y otros más recientes.*

Desde sus inicios, Neruda fue un poeta independiente que se interesó por las vanguardias pero no se integró en ellas.

Ciertamente, su formación y procedencia social lo diferencian de otros poetas de la época como el chileno Vicente Huidobro y el argentino Oliverio Girondo, que pertenecieron a una élite cosmopolita y entraron en contacto con los movimientos vanguardistas en sus viajes a Europa. Neruda, en cambio, vivió su infancia en Temuco, en el Chile austral, en una comunidad de pioneros con escasa vinculación a las normas y a la tradición, y en contacto con la naturaleza. Luego, su primer viaje no fue a París sino a Oriente, en 1927, con un cargo diplomático. En cierta ocasión, incluso declaró sentir «un cierto desprecio por la cultura». Neruda conoció las vanguardias cuando en su juventud viajó a Santiago, a través de revistas como *Claridad* y *Martín Fierro*. La

«Residencia en la tierra» certifica la crisis personal del poeta cuando escribió el libro.

vida literaria de la capital le impresionó y conoció la bohemia, pero sus primeros libros de éxito, *Crepusculario* y *Veinte poemas de amor y una canción desesperada*, que más tarde serían best-sellers, los escribió bastante desconectado de las modas literarias del momento.

—*¿Era un hombre solitario?*

—No creo que Neruda fuera un solitario vocacional, porque más adelante fue buscando un lugar, y hasta un lugar de poder, en el mundo de las letras. Pienso que su soledad inicial se debe, sobre todo, a los factores sociales que mencionaba y también al aislamiento en que escribió *Residencia en la tierra*. Era imposible que Neruda viviera la vida parisina y libre que experimentaron Huidobro y, más brevemente, Girondo (por ejemplo, éste último, en Buenos Aires, podía autofinanciarse las ediciones y sus peculiares campañas editoriales). Así, pues, la soledad de Neruda es una cuestión circunstancial, aunque la época en la que vivió en Oriente coincide con una crisis vital.

—*De su estancia en Oriente surge* Residencia en la tierra, *una de sus obras fundamentales.*

—Sí, entre 1925 y 1935 escribe *Residencia en la tierra*. Neruda vive una situación de crisis personal y de aislamiento que se transparenta en los poemas desolados, turbulentos y oscuros de este libro. En dicha oscuridad hay algo de fluencia del subconsciente, aunque los poemas son controlados y construidos en torno a una obsesión, a un movimiento anímico. Desde antes de viajar a Oriente Neruda tenía cierto conocimiento del surrealismo, y este libro conecta con algunas de sus premisas. Pero *Residencia en la tierra* tiene que ver con la trayectoria de Neruda más que con una escuela. Neruda se desmarca a veces de la tradición o del entorno literario para postular la búsqueda en la naturaleza, de donde saca sus imágenes y su mitología, y reconstruir un nuevo vínculo con la tierra, tal como ha observado el crítico argentino Saúl Yurkiévich en su libro *Fundadores de la nueva poesía latinoamericana*.

—*Así, pues,* Residencia en la tierra *es un libro vanguardista.*

—Ya he indicado que Neruda, al contrario que Huidobro y Girondo, no fundó movimientos ni formó parte de ellos, pero las búsquedas de los tres autores coinciden en que cortan todas las amarras, incluidas las del lenguaje convencional, para explorar en lo más profundo de la experiencia. Aunque Neruda no practicó la aventura experimentalista como ellos ni como César Vallejo, para Yurkiévich, *Residencia en la tierra* sería un libro típico de la primera vanguardia, como *Trilce* de Vallejo, o *Altazor* de Huidobro. El texto de Neruda se incluiría así en la primera fase agresiva de rechazo, de rebelión no crítica, que impugna la imagen tradicional del mundo y revela su crisis de valores. Sin embargo, al igual que *Trilce*, carece de la euforia de este primer momento y el marco ciudadano (que resulta rechazado) aparece sólo en una parte de los poemas.

—*¿Cuáles son los temas de Neruda en esa época?*

—El núcleo existencial de *Residencia en la tierra* está ligado a la destrucción y la muerte que el sujeto poético siente que le rodea. La materia se crea y se recrea cíclicamente, pero el hombre sólo vive la parte mortal de este ciclo. Como individuo, morirá para que siga existiendo la energía vital, pero, por otro lado, es incapaz de consolarse con la experiencia de la fusión con la materia, porque eso sería someterse al tiempo y a la destrucción que conlleva lo cíclico. Por lo tanto, predomina la idea de mortalidad y del tiempo como un ácido que gasta las cosas. El instinto amoroso y la escritura poética son también eterno recomienzo y fracaso. La poesía, con su dimensión profética, es un mandato, un deber que el poeta cumple en esta oscuridad.

En *Residencia en la tierra* Neruda habla de lo «denso, unido, sentado en el fondo» que es la fuerza vital, cósmica, lo que Schopenhauer llama la «voluntad de vivir», una energía ciega, elemental y admirable ante la cual el individuo se siente solo, rodeado por ella y sobrepasado por la dimensión cósmica del principio vital. En esa elementalidad el hombre es sólo algo que puede morir. Y en medio de esa soledad, rodeado de separación y muerte, trabaja el poeta. Lo expresa así: «trabajo sordamente, girando sobre mí mismo | como el cuervo sobre la muerte, el cuervo de luto». Una imagen terrible...

—*Has mencionado a Schopenhauer. ¿Neruda lo había leído antes de escribir su libro?*

—El estudioso de Neruda, Alfredo Lozada, ha dedicado un libro, *El monismo agónico de Pablo Neruda*, a analizar la confluencia de las ideas de Schopenhauer con la visión del mundo de Neruda, y esta relación agónica con la materia y con el mundo se explica muy bien en este contexto, fueran o no fueran conscientes en Neruda estas ideas filosóficas.

El hecho de que Neruda no forme parte de un movimiento ni pertenezca a una escuela literaria no significa que escribiese directamente desde el sentimiento. Neruda leía mucho, y su escritura no es, por lo tanto, inocente, como podría pensarse.

Respecto a Schopenhauer, sin embargo, no parece que Neruda lo leyese directamente, aunque sí pudo tomar algo de la atmósfera que existía en torno a estas ideas en el pensamiento y el arte hispanoamericanos de la época. Además es posible que conociese los *Upanishads*, tratados esotéricos indios en los

La visión de Neruda responde al enfoque de muchas culturas

que se inspiró Schopenhauer para desarrollar su pensamiento.

Ahora bien, yo creo que lo que hace que estas ideas estén en Neruda es su carácter casi arquetípico. Más que a una influencia filosófica, la visión de Neruda responde a un enfoque universal que muchas culturas, y de forma muy importante las orientales, han configurado como pensamiento. Es una percepción común a los seres humanos que las manifestaciones individuales están sujetas al paso del tiempo y a la destrucción, pero que cuando mueren los individuos, la especie y el cosmos siguen viviendo en otros seres que recogen y reciben el principio vital. Desde este punto de vista, la voluntad, el deseo, la materia, son la causa del dolor humano y muchas vertientes de pensamiento, incluyendo a Schopenhauer, proponen como solución la ascesis, el separarse del deseo para no sufrir con la parte mortal de la vida.

Sin embargo, en Neruda se da ese movimiento ascético aunque contrarrestado por su contrario, el impulso hacia lo vital. De ahí el carácter agónico de su poesía en *Residencia en la tierra*.

—*Se trata de un libro extraordinariamente pesimista, sobre todo en su enfoque de la vida urbana...*

—Por supuesto, hay que separar las visiones de la ciudad y de la naturaleza. La ciudad degrada y la muerte en la ciudad no tiene la grandeza de la muerte en la naturaleza, la fusión con lo cósmico. La muerte urbana es una muerte pequeña y cotidiana. Neruda insiste en las imágenes de destrucción y

Neruda describía la degradación que deja el tiempo en las ciudades

degradación que va dejando el tiempo en las ciudades, frente a la frescura de la naturaleza. Por ejemplo, en el poema «La calle destruida» se contrapone la fuerza de lo natural, la «violeta recién parida» y el «virginal céfiro rojo», a lo social, a la «lengua de polvo podrido». En la ciudad es imposible recuperar el ciclo natural, porque «todo se cubre de un sabor mortal | a retroceso y humedad y herida».

—*La visión de las masas, a las que luego cantará Neruda, no es aquí muy positiva.*

—En el fondo, aunque parezca sorprendente, yo creo que la visión de las masas no es tan diferente en las dos épocas. Es cierto que en su período más social, Neruda sintió la dignidad y la fuerza de las masas, del pueblo, un sentimiento que está ausente en *Residencia en la tierra*. Sin embargo, no me parece que en la obra de Neruda haya una identificación o una proyección en la gente. Es decir, tengo la impresión de que siempre hay algo abstracto en su percepción de las personas, cuando son más de una o dos, claro. Es bonito ese fragmento de *Canto general* que dice: «Paseaba el pueblo sus banderas rojas | y entre ellos en la piedra que tocaron | estuve, en la jornada fragorosa». Aquí Neruda ve la belleza y la dignidad de la masa, pero como una fuerza que fluye, no tanto como un conjunto de personas. Eso sí, la visión es más positiva que en los versos de *Residencia en la tierra* que mencionábamos. Pero creo que Neruda, aparte de algunos logros en «Alturas de Macchu Picchu», no consigue, como Vallejo, la expresión concreta y a la vez generalizada del dolor y la dignidad humanos. Creo que el de Vallejo es un trabajo más profundo y tal vez involuntario, que le lleva a encontrar una frase como salida del lápiz de un miliciano cuando dice en un poema de *España, aparta de mí este cáliz*: «Solía escribir con su dedo grande en el aire: | Vivan los compañeros! Pedro Rojas». Lo que ve el lector no es la masa, sino a Pedro Rojas, el que «nació muy niñín, mirando al cielo», que representa al pueblo, sí, pero que es también un individuo concreto.

—*Los especialistas emplean mucho la expresión «sujeto poético». ¿A qué se refieren exactamente?*

—Cuando hablamos de sujeto poético, sería una ilusión pensar que se trata, sin más, de una persona autobiográfica, puesto que en el poema el sujeto no se «copia» de uno «real», sino que se construye en el texto para explorar y conocer. La experiencia del poema es así una experiencia vivida, que no refleja la del sujeto autobiográfico pero que tampoco se opone a ella: la relación entre las dos sería más bien un proceso, un juego que se produce en el texto. Desde la idea romántica del poema como expresión de un ente creador, la poesía ha buscado modos de impersonalidad y cuestionamiento del yo, algo que es muy frecuente en las vanguardias. Por eso el crítico chileno Hernán Loyola, en sus comentarios sobre Neruda, detecta cómo se construye un personaje que es a la vez el testigo y el profeta, y que sufre la realidad con paciencia en su ciclo de creación y destrucción. Éste es el sujeto que luego se afirma en una misión social y colectiva en la poesía a partir de Canto general. También el crítico francés Alain Sicard, en su libro El pensamiento poético de Pablo Neruda, analiza la construcción de este sujeto peculiar de los poemas de Neruda, al que atribuye en esta época una actitud de paciencia ante la realidad y casi de sometimiento. Pero estamos hablando del personaje del poema y no de un sujeto autobiográfico.

—Se ha dicho que Residencia en la tierra *es un libro hermético. ¿Estás de acuerdo?*

—Desde luego, la sintaxis es deliberadamente manipulada por Neruda para elaborar la situación y el ritmo del poema, y muchas veces aparece subvertida para reflejar una búsqueda diferente a la lógica, por medio de anacolutos e incoherencias. Las necesidades expresivas hacen que el orden de los significados y las secuencias racionales de la escritura se vean trastocados, y eso genera indudables oscuridades. Pero todo está al servicio de un objetivo poético concreto. Por ejemplo, el ritmo, basado en repeticiones sintácticas y semánticas y a veces en la distribución de los acentos, reproduce la presión obsesiva de la idea central, de las olas que vuelven. La situación del poema, estructurada sintácticamente (a partir de la instancia «yo-aquí-ahora» y lo que esto genera) también es parte de la forma.

—Has hablado de anacolutos...

—Un anacoluto es un fallo en la coherencia de la frase, como por ejemplo hacer concordar un verbo en plural con un sujeto en singular, o bien olvidar que la estructura de la frase requiere un complemento y dejarla colgada, o presentar un sujeto sin verbo, como en esta frase de Santa Teresa: «El alma que por su culpa se aparta de esta fuente y se planta en otra de muy mal olor, todo lo que corre de ella es la misma desventura y suciedad». La verdad es que es difícil explicar lo que es un anacoluto, quizás precisamente por lo común que es, porque el lenguaje oral está lleno de anacolutos. Lo que importa en realidad es que este recurso retórico aparentemente incorrecto tiene una funcionalidad en la poesía de Neruda, la de crear el ritmo y la forma, una red estilística de lectura en sintonía con el contenido. En tanto que forma inacabada, y por el giro que da al sentimiento caótico, responde a lo contradictorio de la inspiración, a su manera repentina de presentarse.

—*¿Neruda practicaba la escritura automática de los surrealistas?*

—No creo que esa fuera su perspectiva. En realidad, los surrealistas pregonaron mucho la escritura automática pero ellos mismos no la practicaron más que como una manera de abrir las puertas al subconsciente. La relación de Neruda con el surrealismo, como comentaba antes, no es clara, y para algunos críticos es muy escasa. La cuestión es que el poeta conoce este movimiento y tal vez conecta con él más de lo que admite el propio Neruda. Y, sobre todo, puede ser que se manifiesten en el chileno las lecturas que también están en la base del Surrealismo: Rimbaud, Apollinaire, Lautréamont e, incluso, Reverdy.

Lo seguro es que Neruda no escribe espontáneamente, sino que trabaja mucho sus materiales para construir los poemas. El poeta explica en sus cartas que él posee una voluntad expresiva y que, además, sus intenciones de «modelar» la materia caótica le aleja de la pura inspiración o del flujo emotivo. Su escritura, en definitiva, trata de hacer inteligible ese mundo caótico.

> **La relación de Neruda con el Surrealismo es, para muchos críticos, muy escasa**

—*Pero Neruda recurre con frecuencia a las enumeraciones caóticas...*

—Por supuesto. Las enumeraciones caóticas son aquellas que mezclan elementos de categorías diversas, sin aparente relación entre sí. El personaje del poema «Walking around» pasea «con calma, con ojos, con zapatos | con furia, con olvido...». Y en otro poema dice: «y ardamos, y callemos, y campanas». Por medio de estas series inconexas Neruda da cuenta de su estado de ánimo y de su angustia, en un intento de hacer escuchar esa intuición caótica con palabras oraculares y tanteantes. La enumeración y los paralelismos crean un ritmo contundente.

—*Estamos hablado solamente de* Residencia en la tierra...

—Porque es quizás el libro más importante de Neruda y una obra fundamental para la tradición poética hispanoamericana, justamente por esa entrada, o casi podría decirse caída, en el propio interior y en la materia del mundo. De acuerdo con su poética, que reivindica la necesidad de hablar de todo lo humano, recupera de la interioridad esas experiencias poco heroicas y no necesariamente bellas. La lección de *Residencia en la tierra* es que ese viaje a los infiernos, por terrible que sea, es posible, al igual que es posible hablar desde la intuición más oscura y menos intelectualizada, a partir de una conexión con ese «submundo» que a veces aparece en el libro, aunque en otras ocasiones se trata de la realidad material vista como algo magnífico y grandioso.

«Residencia en la tierra» es, quizá, el libro más importante de Neruda

Otro aspecto que incorpora este libro, y que está muy ligado al anterior, es el del tono, un tono que Neruda busca y encuentra en *Residencia en la tierra*. Ese movimiento anímico; esa «misma clase de insistentes olas», como le escribe al narrador argentino Héctor Eandi; la presión obsesiva de la idea central, genera lo que Vallejo llama «los grandes movimientos animales, los grandes números del alma, las oscuras nebulosas de la vida», «la oración verbal de la vida» o «el ritmo cardíaco de la vida», para definir el tono poético en general. Ese ritmo no está hecho sólo de sonoridad sino que, tal como ha mostrado Amado Alonso en *Poesía y estilo de Pablo Neruda* (un estudio antiguo pero que, en este aspecto, no ha sido superado) está hecho también de una disposición sintáctica y semántica del poema que genera gradaciones y juegos con la intensidad, aperturas y clausuras que guían el ritmo de lectura, expectativas que se cumplen o se frustran.

—¿Residencia en la tierra *ha influido mucho?*

—En los comienzos de muchos poetas hispanoamericanos, al menos hasta las generaciones que se constituyen alrededor de la década de los '50, es posible encontrar inicios «nerudianos», es decir, inicios que no sólo muestran el tono desolado y solemne de *Residencia en la tierra*, sino que también exhiben el yo poético del chileno ante la materialidad del mundo y el conflicto o la celebración que esto genera en su ánimo. Hay poetas que, con este palimpsesto más o menos presente, construyen una voz personalísima: este podría ser el caso de Enrique Molina, el gran poeta argentino.

Pero el problema, claro está, es que este sonido no se convierta en un sonsonete y corte el desarrollo de la voz propia del poeta. La presencia de este tono absolutamente contundente también ha sido un problema para la poesía hispanoamericana. Es difícil sostener ese tono y no caer en el ridículo por ese manejo de palabras altisonantes y sentimientos extremos, peligro que Neruda sabe evitar muy bien.

—*Es difícil imitar a Neruda con éxito...*

—Porque el peligro de imitar a Neruda parte de dos de sus cualidades: la facilidad para escribir y la autoridad que representa su escritura. Su facilidad para escribir es proverbial y asombrosa. «Puedo escribir los versos más tristes esta noche», dice Neruda, y buena parte de su obra se basa en en este «escribir por ejemplo», como dice el peruano Américo Ferrari, uno de los críticos de poesía más importantes de América. Pero es a la vez una trampa para quien le imite, y un engaño: es sabido que la escritura de *Residencia en la tierra* no tiene nada que ver con la espontaneidad y con escribir directamente desde el sentimiento. Neruda corregía mucho y tampoco es cierto que no haya lecturas y mecanismos literarios: están presentes desde sus primeros poemas.

—*Hablemos de los cambios tras su regreso de Oriente...*

—En 1934, Neruda cambia su trabajo consular en Oriente por uno en España, donde pronto se instala en Madrid. Un año más tarde, Manuel Altolaguirre, fundador de la revista *Caballo verde para la poesía*, entrega la publicación al poeta para que la dirija. Allí publica Neruda su manifiesto «Por una poesía sin pureza», donde dice que la poesía se hace con los materiales del hombre, incluso con aquellos que no sean prestigiosos o que puedan considerarse como vergonzosos: «Así sea la poesía que buscamos, gastada como un ácido por los deberes de la mano, penetrada por el sudor y el humo, oliente a orina y a azucena, salpicada por las diversas profesiones que se ejercen dentro y fuera de la ley».

No hay que temer a lo que no se ajusta a una estética tradicional, pues «quien huye del mal gusto cae en el hielo». Es ésta una época de amistad con los componentes de la generación del 27, opuesta al terrible aislamiento de su etapa oriental. Pero todo se vendrá abajo con el estallido de la Guerra Civil española en 1936. En sus inicios tiene lugar un acontecimiento especialmente trágico, el asesinato de García Lorca, con quien mantenía una fuerte amistad.

Todo esto marca un cambio en su poesía, que pasa de los poemas pesimistas de *Residencia en la tierra*, a los combativos y mucho más diáfanos de *Tercera residencia* (1947), en el que se incluye «España en el corazón», escrito poco después de los acontecimientos mencionados y de ser destituido como cónsul. Esta reacción de Neruda es, en cierto modo, paralela a la «humanización» de la poesía de la generación del 27 a partir de los mismos acontecimientos. El manifiesto de Neruda en 1935 recoge un clima existente y hasta pudo haberlo precipitado. Años más tarde, Neruda juzgará severamente los poemas de *Residencia en la tierra* y los considerará dañinos, precisamente por su negatividad.

—*Así se inicia la tercera época de su producción...*
—En efecto, desde la toma de conciencia de 1936, su actividad política es cada vez más intensa, y sus libros reflejan este compromiso. La obra más importante de este período es el *Canto general*, que publica en 1950 pero que escribe desde 1938. En ella se incorpora, junto con el tema político e histórico, la búsqueda del sentido y de la identidad del pueblo americano.

> **Años después de haber escrito «Residencia en la tierra» Neruda repudió esta obra**

Recorre su historia desde antes de la aparición del hombre hasta proyectarse en un futuro en que el poeta asume la responsabilidad de ser la voz y la esperanza de los oprimidos. A través de la historia sería posible reparar la ruptura entre el hombre y el mundo natural y volver a la armonía con la naturaleza. A este enfoque pertenecen libros como *Odas elementales, Nuevas odas elementales* y *Tercer libro de las odas*.

—*Pero su perspectiva no cambia totalmente...*
—Desde luego que no. A pesar de la aparente ruptura entre el clima pesimista e individual de *Residencia en la tierra* y el clima optimista y colectivo de su época histórica y política, existe una continuidad entre los dos. El lenguaje poético, el tono y las imágenes de Neruda, muy ligadas a la naturaleza, siguen vigentes. Pero además hay una continuidad temá-

tica. Aquella fuerza natural que sobrevive a la destrucción de los individuos en un ciclo de vida y muerte es sustituida ahora por la fuerza popular y la fuerza de la historia. Ésta sobrevive a la destrucción y a las muertes individuales, pero ya no con un sentido cíclico, sino con un sentido de avance, de progreso. Sólo en la fuerza del pueblo y el devenir histórico está la vida.

Sin embargo, en esta *heroización* de los sentimientos, y en el terreno estrictamente poético, algo se pierde. Algo se gana también, sin duda alguna, que iría en el sentido del logro de la poesía épica: la aportación de Neruda a un modo que no creo que vaya a desaparecer con la posmodernidad, ni yo desearía que desapareciera porque creo que aún puede resonar creativamente. Pero, si podemos hablar de gustos personales, yo prefiero al Neruda desgarrado y tanteante.

El lenguaje poético y las imágenes de Neruda están muy ligados a la naturaleza

—*Algunos críticos han explicado este proceso...*
—Sicard, y sobre todo Loyola, indican que, de algún modo, ese sujeto agónico de *Residencia en la tierra* sale victorioso y ahora puede insertarse en la historia y hablar desde esa realidad, como se ve en *Tercera Residencia* y en *Canto general*. Pero también será capaz de celebrar la materia en las *Odas elementales*, algo ya anunciado o intentado en «Estatuto del vino» y «Entrada a la materia», dos poemas residenciales que ya no cantan al amor de un modo desgarrado. Ese hablante poético que ya era central, a pesar de su angustia y disolución, ahora se constituye en un sujeto «seguro».

Claro que el propio autor ironizará y jugará con el personaje épico en *Estravagario*, una de sus obras posteriores más interesantes. Según Loyola, el proceso de construcción muestra, por un lado, a un sujeto no inamovible, mientras que, por el otro, la última poesía de Neruda descubre a un yo más cuestionado, más cercano al sujeto escindido de la postmodernidad. No sería ya el que dice «Yo soy». Pero, sinceramente, no estoy muy de acuerdo con esto: aun no afirmándose como sujeto definitivo, aun ocultándose, ese sujeto siempre tiene unas características muy marcadas y se presenta como constituido, aunque se burle de sí mismo. Por ejemplo, «Sobre mi mala educación», de *Estravagario*, no es un poema autodenigratorio a lo Nicanor Parra, sino que el hablante es más autocomplaciente que el «energúmeno» de Parra. Y, por otro lado, el Neruda que se recuerda en la tradición es el Neruda del «Yo soy».

—*Se ha señalado muchas veces a* «*Alturas de Macchu Picchu*» *como la mejor parte de* Canto general...

—Sí, posiblemente lo sea, sobre todo porque es revelador del nuevo punto de vista de Neruda. Antes de este canto, el yo del poema ha investigado en su pasado, que sería en cierto modo el de ese sujeto negativo de *Residencia en la tierra*, un sujeto que vive en la soledad porque su búsqueda en el mundo material es demasiado metafísica, y en ella sólo encuentra la muerte individual y pequeña, no la «poderosa muerte», no la «muerte grave, ave de plumas férreas». A partir del canto VI de «Alturas de Macchu Picchu» el yo pasa a otra dimensión, la de la historia, donde encuentra el pasado colectivo, el del pueblo. Esto ocurre al subir a las ruinas de Machu Picchu. Allí halla «la cuna del relámpago y del hombre». El primer acercamiento es mítico, admirativo: «Madre de piedra, espuma de los cóndores...». Esta estructura de letanía en endecasílabos la retoma en el canto IX para expresar la contemplación extática y la exaltación de las ruinas. Pero éste es también el lugar de una vida colectiva que tal vez fue armónica.

En los siguientes cantos desarrolla el tema de esa muerte colectiva que ha dejado un testimonio de piedra. Invoca a América materializada de forma mítica en las ruinas de Machu Picchu. Pero esta visión mítica se rompe desde la perspectiva de la historia en el canto x, en el que se pregunta por el hombre del pasado, por su miseria existencial de «hombre inconcluso», por los conflictos sociales y la miseria física. Busca al hombre que habitó el monumento y se pregunta si su esplendor se edificó sobre la opresión y la injusticia: «Macchu Picchu, pusiste | piedra en la piedra, y en la base, harapo?». Pasa, pues, de la mitificación del monumento a su desmitificación desde el punto de vista de la historia, a preguntarse por el hambre de sus habitantes.

Por último, en el canto xii establece un puente entre el yo actual y el hombre del pasado. Esto lo hace con un llamamiento a este hombre que simboliza al oprimido de todos los tiempos. Habla a este personaje humilde y le pide que le revele su sufrimiento para dar testimonio de él. Así, el yo actual se liga a otro pasado, ya no individual sino colectivo e histórico.

—*Parece muy distinto al universo angustioso de* Residencia en la tierra...

—En «Alturas de Macchu Picchu» se afirma la vida y la lucha frente a la presencia de la muerte y la pasividad en *Residencia en la tierra*. Sin embargo, se puede observar la continuidad entre los sentimientos de una obra y otra, aunque ahora se introduzca la historia. Por otro lado, las imágenes telúricas de *Residencia en la tierra* no son ajenas a la grandiosidad del *Canto general*, ni tampoco el tono y el ritmo que se consigue. Aquí se manifiesta sobre todo por las reiteraciones sintácticas y semánticas, por el tono de letanía, por el énfasis y dramatismo de dirigirse a las ruinas y luego al hombre que las habitó, y por los versos largos, de gran aliento.

—**El Canto general también ha tenido muchos seguidores.**

—Sí, a pesar de que la relación de la escritura con la historia y con la épica sea la dimensión menos asimilable de Neruda. Lo cierto es que él consigue grandes poemas con estas premisas, pero

> **El autoritario sujeto poético nerudiano fue rechazado por muchos poetas posteriores**

si los seguidores de esta línea cometen el error de no variar la perspectiva, el resultado suele transparentar la fórmula en que se basa. Neruda propone en «Alturas de Macchu Picchu» hablar por los otros, sí; pero quien habla es un sujeto «fuerte» instituido casi en voz de la historia. Una de las maneras de quebrar este tono, que puede ser monolítico, es la introducción de la oralidad y el coloquio, que el propio Neruda ensayará más tarde, y que algunos poetas aprenden sobre todo de Ernesto Cardenal y Nicanor Parra a partir de los años '60 y '70.

De un modo más general, el sujeto poético nerudiano tiende a ser en este sentido un sujeto central y autoritario, una especie de figura paterna que muchos poetas posteriores sabiamente rehuyen o hasta contestan. Por ello, en Chile apareció el antineruda, o sea Nicanor Parra, quien no sólo parodia todo discurso de autoridad, sino que desbarata el lenguaje incluyendo múltiples niveles en un hablante poético escindido y a veces autodenigrado. Pero en realidad, y eso lo ha mostrado muy bien José Miguel Ibáñez-Langlois en su prólogo a la antología de Parra *Poemas y antipoemas*, no se trata tanto de proyectos contrapuestos como de exploraciones diferentes en aspectos que a su manera también son innovadores.

—Para terminar, una valoración sobre la vigencia de Neruda...

—No olvidemos que Neruda es algo así como un clásico. Harold Bloom, en su polémico libro *El canon occidental*, lo sitúa como uno de los máximos representantes de la literatura en español, junto a Borges y Cervantes. Actualmente se están publicando sus obras completas en Galaxia Gutenberg, un honor que se reserva a los grandes. Hace poco se celebró un coloquio con ocasión de los 25 años de la muerte de Neruda, y allí se habló de una «primavera nerudiana». Creo que a pesar de su voz aparentemente monocorde, se pueden encontrar muchas cosas, incluso muchas sorpresas, en un autor tan prolífico e imaginativo. Porque una de los rasgos que más me impresionan de Neruda es su capacidad de crear imágenes.

> **Según Harold Bloom, Neruda es uno de las máximas figuras de la literatura en español**

Por otro lado, respecto al tono poético que comentaba anteriormente, creo que es bastante excepcional encontrar un poeta que sepa modular sus melodías de esta manera. Durante todo el siglo xx se ha leído mucho a Neruda, y se le ha cantado también, porque sus poemas han pasado a ser canciones, hasta el punto de que ha nutrido el repertorio de numerosos cantautores. Sus versos han pasado también a ser frases hechas, como «Nosotros, los de entonces, ya no somos los mismos», o «Puedo escribir los versos más tristes esta noche». No creo que Neruda se haya dejado de leer, y eso se debe también a su capacidad de conectar con sus lectores. Tanto los temas de exploración del interior, como el tema social o el tema amoroso, siempre encuentran un lector. Eso no impide pensar que Neruda tiene también bastantes poemas malos, sobre todo aquellos muy de circunstancias o de encargo, que obedecen más al «escribir por ejemplo» que decía Ferrari.

¿Se leerá a Neruda en el siglo xxi? Yo creo que sí. No creo que pierdan interés los poemas de la colectividad y la historia en marcha; espero que no lo pierdan. *Residencia en la tierra* siempre será un descenso a los infiernos. Y en cuanto al tema amoroso, creo que seguirá su carrera de éxitos. Sin embargo, para mí, los poemas de amor de la época menos caótica de Neruda, como los *Cien sonetos de amor*, son mucho más esperables, quizás más políticamente correctos. Si en ellos hay sentimientos contradictorios, son mucho más retóricos y resuelven sus contradicciones como en una especie de final feliz.

Más interesantes me parecen los poemas pasionales de las *Residencias* y las rememoraciones de amores o impactos pretéritos, los referidos a Josie Bliss, la «maligna», por supuesto. Y también el famoso poema de *Estravagario* en el que hace volver la imagen luminosa y preservada de aquella niña a quien en el pasado abrió la puerta cuando visitaba a su hermana: «¿Dónde estará la Guillermina?»

Bibliografía

Obras de Pablo Neruda

Crepusculario. Claridad, Santiago, 1923.

Veinte poemas de amor y una canción desesperada. Nascimento, Santiago, 1924.

Tentativa del hombre infinito. Nascimento, Santiago, 1926.

Anillos (en colaboración con Tomás Lago). Nascimento, Santiago, 1926.

El habitante y su esperanza. Nascimento, Santiago, 1926.

El hondero entusiasta. Nascimento, Santiago, 1933.

Residencia en la tierra (1925-1931). Nascimento, Santiago, 1933.

Residencia en la tierra (1925-1935). Cruz y Raya, Madrid, 1935.

Tercera residencia (1935-1945). Losada, Buenos Aires, 1947.

Canto general. Océano, México, 1950.

Los versos del capitán. Losada, Buenos Aires, 1953.

Las uvas y el viento. Nascimento, Santiago, 1954.

Odas elementales. Losada, Buenos Aires, 1954.

Viajes. Nascimento, Santiago, 1955.

Nuevas odas elementales. Losada, Buenos Aires, 1956.

Tercer libro de las odas. Losada, Buenos Aires, 1956.

Estravagario. Losada, Buenos Aires, 1958.

Navegaciones y regresos. Losada, Buenos Aires, 1959.

Cien sonetos de amor. Losada, Buenos Aires, 1959.

Canción de gesta. Imprenta Nacional de Cuba, La Habana, 1960.

Las piedras de Chile. Losada, Buenos Aires, 1961.

Cantos ceremoniales. Losada, Buenos Aires, 1961.

Plenos poderes. Losada, Buenos Aires, 1962.

Discursos (con Nicanor Parra). Nascimento, Santiago, 1962.

Memorial de Isla Negra. Losada, Buenos Aires, 1964.

Comiendo en Hungría (en colaboración con Miguel Ángel Asturias). Lumen, Barcelona, 1965.

Arte de pájaros. Sociedad de Amigos del Arte Contemporáneo, Santiago, 1966.

Una casa en la arena. Lumen, Barcelona, 1966.

Fulgor y muerte de Joaquín Murieta. Zig Zag, Santiago, 1967.

La Barcarola. Losada, Buenos Aires, 1967.

Las manos del día. Losada, Buenos Aires, 1968.

Fin del mundo. Losada, Buenos Aires, 1969.

Aún. Losada, Buenos Aires, 1969.

La espada encendida. Losada, Buenos Aires, 1970.

Las piedras del cielo. Losada, Buenos Aires, 1970.

Geografía infructuosa. Losada, Buenos Aires, 1972.

Incitación al nixonicidio y alabanza de la revolución chilena. Quimantú, Santiago, 1973.

El mar y las campanas. Losada, Buenos Aires, 1973.

Confieso que he vivido. Losada, Buenos Aires, 1974.

La rosa separada. Losada, Buenos Aires, 1974.

Jardín de invierno. Losada, Buenos Aires, 1974.

El corazón amarillo. Losada, Buenos Aires, 1974.

Libro de las preguntas. Losada, Buenos Aires, 1974.

Elegía. Losada, Buenos Aires, 1974.

Defectos escogidos. Losada, Buenos Aires, 1974.

Cartas a Laura. Ediciones Cultura Hispánica, Madrid, 1978.

Para nacer he nacido. Seix Barral, Barcelona, 1978.

El río invisible. Seix Barral, Barcelona, 1980.

Obras sobre Neruda comentadas

Poesía y estilo de Pablo Neruda

De entre todos los libros que estudian la obra del escritor chileno destaca uno por su calidad y su carácter pionero. Se trata del texto de Amado Alonso *Poesía y estilo de Pablo Neruda* (Losada, Buenos Aires, 1940), que aunque sólo abarca hasta *Residencia en la tierra* sigue siendo una referencia fundamental. El propio Neruda dijo de este trabajo: «Interesa su apasionado hurgar en la sombra, buscando los niveles entre las palabras y la escurridiza realidad. Además, el estudio de Alonso revela la primera preocupación seria en nuestro idioma por la obra de un poeta contemporáneo. Y eso me honra más de la cuenta».

El viajero inmóvil

También elogió Neruda al crítico y ensayista uruguayo Emir Rodríguez Monegal, autor del magnífico ensayo titulado *El viajero inmóvil* (Losada, Buenos Aires, 1966; revisado y completado después de la muerte del poeta chileno), en el que estudia los sucesivos rumbos de la obra de Neruda e incluye una detallada biografía. Rodríguez Monegal, uno de los mayores expertos en Neruda, lo fue asimismo de Jorge Luis Borges.

Poética y poesía de Pablo Neruda

Otro análisis magníficamente elaborado es el de Jaime Alazraki, *Poética y poesía de Pablo Neruda* (Las Américas Publishing Company, Nueva York, 1965), inencontrable salvo en algunas bibliotecas universitarias. También cabe mencionar, entre otros estudios, el de Raúl Silva Castro, *Pablo Neruda* (Editorial Universitaria, Santiago, 1964) y el de Alberto Cousté, *Conocer Neruda y su obra* (Dopesa, Barcelona, 1979), de carácter general.

La poesía de Neruda

Entre los poetas que han buceado en la obra de Neruda se encuentra Luis Rosales, autor de *La poesía de Neruda* (Editora Nacional, Madrid, 1978). Aunque poco sistemático, el libro ofrece ideas muy interesantes y sirve para adentrarse en el mundo de Neruda de la mano de un lector extraordinariamente agudo y sensible.

Pablo Neruda

Más opiniones inteligentes sobre diversos aspectos de la obra nerudiana se vierten en el libro *Pablo Neruda* (Taurus, Madrid, 1980), escrito por Emir Rodríguez Monegal en colaboración con Enrico Mario Santi. Se trata de un conjunto de textos críticos elaborados, entre otros, por Gabriel Celaya, Julio Cortázar, Alejo Carpentier, Saúl Yurkiévich y Jaime Alazraki.

El gran amor de Pablo Neruda

La temática de Neruda ha sido objeto de numerosos trabajos, empezando por el de Eliana S. Rivero, *El gran amor de Pablo Neruda* (Playor, Madrid, 1973), donde se examinan las ideas y símbolos principales de su poesía. Por su parte, Juan Villegas ha aplicado el análisis mítico a la poesía del autor chileno para explicar sus estructuras compositivas y sus imágenes en *Estructuras míticas y arquetipos en el Canto general de Neruda* (Planeta, Barcelona, 1975).

El pensamiento poético de Pablo Neruda

Más de seiscientas páginas de estudio profundo y análisis exhaustivo de los temas nerudianos ofrece Alain Sicard en su libro *El pensamiento poético de Pablo Neruda* (Gredos, Madrid, 1981), sin rival hasta el momento. Los temas fundamentales el poeta (los viajes, la memoria, el océano) son examinados con lupa, y por ello el libro sólo es recomendable para iniciados.

Por lo que se refiere a los estudios biográficos, la existencia de Neruda aún presenta sombras que ningún experto se ha decidido a iluminar plenamente. Para conocer la vida del poeta es preciso recurrir en primer lugar a sus dos libros de memorias, *Memorial de Isla Negra* (Losada, Buenos Aires, 1964) y *Confieso que he vivido* (Losada, Buenos Aires, 1974).

Aparte de las propias informaciones que el autor ha proporcionado de sí mismo, una buena guía para adentrarse en el personaje es el texto de Margarita Aguirre, *Las vidas de Pablo Neruda* (Grijalbo, Buenos Aires, 1973), testimonio directo de una de las mejores amigas del poeta, que ofrece una visión personal y apasionante de su relación con Neruda.

Neruda y

NERUDA

1904

- **Ricardo Eliecer Neftalí** (Pablo Neruda) nace el 12 de julio en Parral, Chile, hijo de Rosa Basoalto de Reyes y de José del Carmen Reyes Morales. Al poco del nacimiento, muere la madre del futuro poeta.

- Rusia declara la **guerra** a Japón.

- Muere en Londres, a la edad de 63 años, Sir Henry Morton **Stanley**, el explorador inglés que se hizo célebre cuando en 1870 encontró en África al desaparecido Doctor Livingstone.

1910

- Ingresa en el liceo de hombres de **Temuco**, donde realiza todos sus estudios hasta terminar el sexto año de humanidades en 1920.

- China abolece oficialmente la **esclavitud**. A principios del siglo xx, las ventas de hijos aún eran relativamente frecuentes entre los estamentos más pobres.

1917

- El 18 de julio publica en el diario *La Mañana* de Temuco su primer artículo. La pieza en cuestión se titula «Entusiasmo y perseverancia», y lo firma Neftalí Reyes, ya que el poeta aún no había adoptado el seudónimo de Pablo Neruda.

- Estados Unidos decide participar en la **Primera Guerra Mundial**, junto a los aliados.

1920

- El poeta adopta definitivamente el seudónimo de **Pablo Neruda** para sus publicaciones. En noviembre, obtiene su primer premio en la fiesta de la primavera de Temuco. Prepara dos libros: *Las ínsulas extrañas* y *Los cansancios inútiles*, que no publica.

- Muere **Pérez Galdós**, un escritor que destacó especialmente a la hora de describir de forma realista la vida madrileña.

u época

CONTEXTO

- Fallecen dos genios del teatro y de la música, respectivamente: Anton **Dvorak**, a los 62 años; y Anton **Chejov**, a los 44.

- Se celebran los **Juegos Olímpicos de San Louis**, con un dominio total por parte de los atletas de Estados Unidos. Eso sí: de un total de 496 participantes, sólo 64 no eran estadounidenses.

- Mark **Twain** muere en el pueblo de Redding (Connecticut). El creador de Tom Sawyer y Huckleberry Finn tenía 75 años en el momento de su fallecimiento.

- Portugal proclama la **República**, después de que un heterogéneo conjunto de fuerzas políticas se sublevara contra la monarquía de Manuel II.

- Fallece el pintor Henri **Rousseau**.

- Revolución rusa. El 25 de octubre, los guardias rojos dirigidos por Leon **Trotski** entran en Petrogrado y se apoderan de los principales puntos de la ciudad, poniendo fin al gobierno provisional de Kerenski. Lenin propone en el congreso de los soviets la aprobación del estado socialista.

- Sigmund **Freud** da a conocer su *Introducción al Psicoanálisis*, uno de los libros fundamentales de la ciencia psicoanalítica.

- Entra en vigor el Tratado de **Versalles**. Sus cláusulas arrebatan a Alemania 70.000 kilómetros cuadrados y 5 millones de habitantes. Además, el país teutón tiene que pagar reparaciones de guerra a Francia y Bélgica.

- Tras 8 años de paréntesis bélico, se celebran unos Juegos Olímpicos, concretamente en la ciudad de **Amberes**. Alemania, Austria y Hungría no son invitadas.

NERUDA

1924

- Edición original de *Veinte poemas de amor y una canción desesperada* (editorial Nascimento).

- Muere, a los 67 años de edad, el ex-presidente de Estados Unidos, **Wilson**.

- Adolf **Hitler**, condenado a 5 años de cárcel por alta traición. Hitler había intentado aprovechar la cólera de los alemanes contra la ocupación aliada de la cuenca del Rhur para derrocar el gobierno bávaro.

1927

- Es nombrado **cónsul** en Rangoon (Birmania). Desde la ciudad birmana, manda crónicas al periódico chileno *La Nación*.

- **Birmania** se convierte, para Neruda, en un país terrible, una vez superada la ilusión inicial.

- Se estrena la película *Metrópolis*, de Fritz **Lang**, un film expresionista con el que la UFA, la sociedad cinematográfica estatal alemana, pretende competir con la industria de Hollywood. Metrópolis ha precisado de la inversión de 5 millones de marcos.

1930

- Es nombrado **cónsul** en Batavia (Java). El mismo año se casa con María Antonieta Agenaar.

- Tras 7 años de **dictadura**, el presidente del gobierno español, el general Primo de Rivera, dimite de su cargo. Meses más tarde, muere en París.

1932

- Regresa a **Chile** tras su periplo por Oriente.

- En España, entra en vigor la esperada Ley del **Divorcio**.

- El partido **nazi** de Hitler gana las elecciones presidenciales alemanas, con un 37 por ciento de los votos.

CONTEXTO

- Muere el gran escritor checo, Franz **Kafka**.

- Se fabrica el vehículo Ford número **10 millones**. El precio de estos automóviles equivale a una tercera parte de lo que costaban antes de la guerra.

- En los Juegos Olímpicos de París, la gran actuación de Estados Unidos sólo es eclipsada por las gestas del finlandés Paavo **Nurmi**, vencedor de las pruebas individuales de 1.500, 5.000 y 10.000 metros, así como también de los 3.000 metros por equipos. El nadador norteamericano Johnny Weismuller, con tan sólo 17 años, obtiene dos medallas de oro.

- En todo el mundo se contabilizan, aproximadamente, **27 millones** de automóviles, el 80 por ciento de los cuales circulan por Estados Unidos.

- Muere el pintor español, Juan **Gris**, máximo representante, junto a Picasso y Braque, de la escuela cubista.

- El aviador Charles **Lindberg** atraviesa el océano Atlántico por primera vez. Lindberg tarda 43 horas en recorrer la distancia que separa Nueva York de París.

- El organizador del ejército rojo, Leon Trotski, es expulsado del partido **comunista** de la URSS.

- Estalla la **guerra** civil en China.

- Fallece, a los 69 años, Sir A. Conan Doyle, el creador del mítico **Sherlock Holmes**.

- Uruguay consigue la victoria en el primer campeonato mundial de **fútbol** al vencer en Montevideo a la selección argentina por 4 a 2.

- Expectación en Barcelona: en la puerta del Teatro Romea de esta ciudad se puede leer un cartel que reza: «Sobre el escenario, 5 'girls' con los **senos** en libertad». Horas más tarde, el cartel es sustituido por otro: «No hay localidades».

- Se celebran los X Juegos Olímpicos en **Los Ángeles**.

NERUDA

1934

- Viaja a **Barcelona**, donde ha sido nombrado cónsul. El mismo año, nace en Madrid su hija, Malva Marina.

- El líder de la guerrilla nicaragüense, Augusto C. **Sandino**, es asesinado cerca de Managua.

- Italia, campeona del mundo de **fútbol**, tras vencer en la final a Checoslovaquia por 2 goles a 1.

1936

- Ediciones Héroe, de Madrid, edita *Primeros poemas de amor* (veinte poemas). Pocos meses después, las tropas franquistas asesinan a su amigo, el poeta andaluz Federico **García Lorca**. Además, Neruda es destituido de su cargo consular.

- Mueren los escritores Ramón del **Valle-Inclán** y Rudyard **Kipling**.

1939

- Es nombrado **cónsul** para la emigración española, con sede en París. Realiza gestiones en favor de los refugiados españoles y a algunos de ellos logra embarcarlos a bordo del «Winnipeg», que llega a Chile a finales de este mismo año.

- El poeta Antonio **Machado** fallece en Francia.

1945

- Es elegido **senador** de la República por las provincias de Tarapacá y Antofagasta. Obtiene el Premio Nacional de Literatura de su patria.

- Muere el pintor abstracto **Kandinsky**, a los 78 años. Kandinsky fue uno de los principales renovadores de las artes plásticas del siglo XX.

- Se celebra la **Conferencia de Yalta**. Roosevelt, Churchill y Stalin se disponen a adoptar acuerdos, en vista de la inminente victoria de los aliados en Europa. Roosvelt fallece meses después de esta histórica reunión.

CONTEXTO

- Muere Marie **Curie**, la única mujer que ha recibido el premio Nobel dos veces (en 1903 y 1911).

- Cataluña proclama su **independencia** bajo el liderazgo de Lluís Companys. Tras un breve bombardeo, los secesionistas se rinden al ejército español.

- Johnny Weismuller protagoniza *Tarzán de los monos*.

- En España, el Frente Popular vence en las elecciones presidenciales, con un 70 por ciento de participación. En mayo, **Azaña** es proclamado presidente de la República pero dos meses después, el 17 de julio, los militares liderados por los generales Mola y Franco se sublevan contra los republicanos. Empieza la guerra civil.

- Se celebran los Juegos Olímpicos de **Berlín**, que destacan tanto por la propaganda nazi, como por los extraordinarios triunfos del atleta norteamericano Jesse **Owens** (3 medallas de oro).

- Alemania invade Checoslovaquia. Tras la posterior invasión de Polonia por parte del ejército **nazi**, la guerra estalla en toda Europa.

- Final de la guerra española, tras tres años de lucha. Después de la victoria de los «nacionales» de **Franco** empieza un largo período de escasez y racionamiento.

- **Mussolini**, ejecutado en Italia junto a su amante, Clara Petacci. Hitler, Eva Braun y Goebbels se suicidan en su búnker cuando las fuerzas aliadas entran en Berlín. Días después, Alemania se rinde incondicionalmente.

- El lanzamiento de dos bombas **atómicas** sobre las ciudades japonesas de Hiroshima y Nagasaki fuerza la rendición del país nipón. Final de la Segunda Guerra Mundial.

- **Perón** se hace con el poder en Argentina.

NERUDA

1948

- Realiza un discurso en el Senado chileno que, posteriormente se publica con el título de «Yo acuso». En febrero, los tribunales de justicia ordenan su detención. Desde entonces, permanece oculto en Chile, escribiendo el *Canto general*. En diversos países se hacen veladas en su honor. Neruda se convierte en un **héroe**.

- Un hindú fanático asesina a tiros al líder nacional y espiritual de la India, el Mahatma **Gandhi**.

- Golpe de estado en **Checoslovaquia**. Los comunistas se adueñan del poder, con el respaldo de la URSS.

1955

- Se separa de Delia del Carril. Concluye la construcción de su casa «La Chascona», donde se traslada a vivir con su actual mujer, **Matilde Urrutia**. Funda y dirige la revista *La Gaceta de Chile*.

- Muere, a los 56 años, Alexander Fleming, descubridor de la **penicilina** y Premio Nobel de Medicina en 1945. Meses más tarde, fallece otro gran científico: Albert Einstein, Premio Nobel en 1921.

1963

- Se edita la segunda edición de sus *Obras Completas*. En **Italia**, paralelamente, se imprime *Sumario*, un libro que después se incorporará al *Memorial de Isla Negra*.

- Muere el Papa **Juan XXIII**, a los 81 años. Su bondad y sencillez le habían hecho ganar el respeto de sectores muy alejados de la Iglesia, pues, entre otras cosas, había suprimido las formas de culto más anacrónicas. Le sustituye Pablo VI.

1966

- Viaja a Estados Unidos como invitado de honor a la reunión del **Pen Club**. La visita al país norteamericano se puede calificar de «histórica», ya que la adscripción marxista de Neruda había impedido, hasta ahora, este viaje.

- Leon **Brejnev**, nuevo secretario general del PCUS.

CONTEXTO

- Nace el estado de **Israel**, asentado en Palestina.

- Se celebran en Londres los Juegos Olímpicos de Londres, en los que sobresale el atleta checo Emil **Zatopek**.

- La última novela de Thomas **Mann**, *El doctor Fausto*, consigue un gran éxito en Estados Unidos.

- **Perón** desarticula una rebelión en contra del gobierno argentino, pero ello no impide que, finalmente, se vea obligado a dimitir, víctima de una conspiración militar.

- Fallecen dos importantes **pensadores**: Thomas Mann y Ortega y Gasset.

- Nikita Kruschev, secretario general del **PCUS**, pone al descubierto las atrocidades cometidas por Stalin en la URSS durante su mandato.

- Estados Unidos y la URSS acuerdan instalar una línea directa de comunicación entre la Casa Blanca y el Kremlin que, popularmente, se conoce con el nombre de «**teléfono rojo**». Su finalidad es asegurar la comunicación entre las dos potencias en caso de conflicto.

- El presidente de EE. UU., John F. **Kennedy** es asesinado en Dallas (Texas). La policía detiene a un sospechoso: Lee Harvey Oswald, que, semanas después, muere asesinado por de Jack Ruby. La muerte de Oswald impide que se aclaren los verdaderos motivos del asesinato.

- Revolución cultural en China. Este movimiento, encabezado por los jóvenes del país, implica la desaparición de cualquier símbolo de la cultura occidental. La **Revolución Cultural** pretende poner en práctica los principios de las comunas populares.

- **Inglaterra**, campeón mundial de fútbol tras vencer a Alemania por 4 goles a 2 en el estadio londinense de Wembley.

NERUDA

1970

- Participa activamente en la campaña presidencial de Salvador **Allende**. Con el triunfo del partido Unidad Popular, Allende asume la presidencia de Chile y Neruda es designado embajador de su país en Francia.

- Muere el filósofo Bertrand **Russell** y los escritores Dos Passos, Remarque y Mauriac.
- Los **Beatles** se separan.

1971

- Obtiene el Premio **Nobel** de Literatura. Se convierte así en el tercer escritor latinoamericano en recibir tan alta distinción.

- **Mueren** el pensador Marcuse, el político Kruschev, el trompetista Armstrong, la estilista Cocó Chanel y el compositor Stravinski.

1973

- El 23 de septiembre **muere** en Santiago de Chile, doce días después de que un golpe militar derribara al gobierno de la Unidad Popular. Sus casas de Valparaíso y Santiago son saqueadas y destruidas después del golpe por los fascistas chilenos.

- Alto al fuego en **Vietnam**. Los acuerdos entre Estados Unidos y Vietnam prevén la retirada de las tropas norteamericanas; la liberación de los presos estadounidenses; y la celebración de elecciones libres en Vietnam del Sur.

CONTEXTO

* Pánico en el espacio: los astronautas de la nave **Apolo XIII** consiguen volver a la Tierra sanos y salvos, después de que el cohete sufriera una grave avería.

* **Brasil**, campéon en el Mundial de fútbol de México. El resultado de la final es concluyente: Brasil 4, Italia, 1.

* Fallecimiento del político y militar francés, **De Gaulle**.

---

* En lo que se califica como el «combate del siglo», el boxeador norteamericano **Mohammed Alí** es vencido a los puntos por su compatriota, Joe Frazier.

* Los tres cosmonautas soviéticos que integran la nave **Soyuz II** mueren a consecuencia de un accidente.

---

* Marlon **Brando** rechaza el Oscar que le concede la Academia de Hollywood por su interpretación en *El Padrino*.

* Muere el pintor Pablo **Picasso**.

* El almirante **Carrero Blanco** es asesinado meses después de acceder a la presidencia del gobierno español.

* El actor **Bruce Lee** (33 años) fallece en Beverly Hills en extrañas circunstancias.

* **Perón** vuelve al poder en Argentina, tras obtener el 61 por ciento de los votos en las elecciones presidenciales. A sus 78 años, el veterano político aún goza del apoyo de la clase trabajadora y de un gran sector de la clase media.

* Fallece el violoncelista catalán, Pau **Casals**.